PARTNERS' BOOK FOR YOUNG TEACHERS

学級経営

若い先生のパートナーズBOOK

「席替え」のデザイン
みんな大満足のアイデア10

山本東矢

編著

学芸みらい社

まえがき

　席替えは、楽しい。

　子供にとっても大人にとっても大きなイベントだ。

　だからこそ、非常に重要な問題である。

**　よく考えて行うと学級はものすごくプラスに転じる。**

**　いい加減に行うと良い結果は訪れない。**

　なぜなら、トラブルが増加するか激減するかの分かれ道だから。

　なぜなら、友だちとうまくいかずに、不登校になる可能性があるから。

　なぜなら、授業中の私語の増減の分かれ道だから。

　なぜなら、保護者からのクレームがくる、こないかの分かれ道だから。

　なぜなら、話し合いがスムーズにいくかどうかの分かれ道だから。

　意外と簡単なようでそうでもない席替え。きちんと研究したい。

　定石のようなものがあるはずだ。

　しかし、席替えのことで同僚と深く話をすることがあるだろうか。

　私はあまりなかった。そこで、サークルメンバーで真剣に席替えについて考え、検討をした。

　さまざまな考えがでた。「これはみんな同じ」、「これは少し違う」など。

**　調べれば調べるほど面白い考えが出てきた。**

　本書のテーマは、「これ一冊があれば、もう席替えに悩むことはない。」「これ一冊で席替えマスターになれる」である。

　それが叶えられる冊子になったと自負する。

　ぜひ手にとって、席替えマスターになって、子供を輝かせるきっかけを作って頂ければと願う。

山本東矢

目次

まえがき ……2

第1章 これでばっちり、席替え ＝基本レイアウト10の紹介

1 席替え10種類全体構造図 ……8

2 出席番号順の席替え ……10

3 先生が決める席替え ……12

4 黒板を使ったあみだくじ席替え ……14

5 紙のくじを使った席替え ……18

6 名前マグネットおみくじ方式 ……22

7 くじ1位から決める方式 ……26

8 ご対面形式の席替え ……30

9 超斬新！ 映画館方式 ……34

10 PCルーレットを使った席替え ……38

11 PC「席替えメーカー」方式 ……42

第2章 席替え ＝しっかり押さえよう基本コンセプト

1 1年間の席替えポイント全体構造図 ……48

2 低学年の年間席替え事例 ……50

3 中学年の年間席替え事例 ……52

4　高学年の年間席替え事例　……54

5　席替えの目的をもとう　……56

6　席替え指導、一時間の流れ　……57

7　教室の座席配置の特徴を押さえよう　……58

8　席替えの班人数をどうするか　……60

9　席替えの期間はどれぐらいがいいか　……61

第3章　ちょっとした機転で大成功　～うまくいく席替え成功例

1　一人ぼっちを救う席替え方法　……64

2　席替え表を使った転校生対応　……65

3　転校生が喜ぶ、席替えアイディア　……67

4　決まった時の反応をみるよ　……68

5　お別れのあいさつミニ作文　……70

6　席替え後は、班ゲームをしよう　……72

7　"他己"紹介で雰囲気を良くしよう　……74

第4章　知っておきたい！？　～席替えでよくあるトラブル＆失敗対応集

1　「あの人と絶対に隣になりたくない」と言ったら　……78

2　保護者から席を変えてほしいと言われた時　……79

3　くじ引きで続けて同じ席になった時　……80

4　思った席にならなくて泣かれた時　……81

5　「黒板が見えないから変えて」と言われたら　……82

6　管理職の立場から思う席替え　……83

7　先生が席を決めた時の失敗話　……84

8　くじ引き、本当に配慮なしでの失敗　……85

9　AIで決めるもたまに落とし穴はある　……86

10　ご対面形式であった失敗　……87

11　子供たちが自分たちで決めて荒れた　……88

第5章　専科の席替え＆校外学習の席の決め方、基礎知識

1　担任が専科の席を決める　……90

2　教科指導にあった座席配置をしよう　……92

3　理科室での席替え　……94

4　少人数授業での席替え　……95

5　活動班の決め方必須ポイント　……96

6　部屋班（生活班）の決め方　……99

7　生活班と同じメンバーの座席配置にしよう　……103

8　バスの座席はグループで決める　……104

第6章　クラスを良くしよう！席替えを学級経営に生かすコンセプトと技

1　席移動の時間にたくさんほめよう　……108

2　席替えでトラブルを激減させよう　……109

3　荒れている場合の席替え　……110

4　学級停滞をくい止める方法　……112

5　雰囲気が良い時にできること　……114

6　席替えと同時に教室の物置場も考えよう　……116

| 7 | 席の高さ調整をゲーム感覚で | ……117 |

8 　席替えと班遊びを連動する　……118

9 　席替えとそうじ班を連動する　……120

10 　早く帰るための班協力　……122

11 　トークテーマを与えてみよう　……124

コラム　「席替えの趣意説明」モデル例

1 　なんで席替えをしたいの？　　　全般　……46

2 　初めてのわくわく席替え　　　　1年生向け　……62

3 　席替えで賢くなれる　　　　　　3年生以上　……76

4 　来年は高学年だね　　　　　　　4年生向け　……106

5 　席替えは仲良くなれるチャンス！　高学年向け　……126

あとがき　……127

著者紹介　……128

第1章

これでばっちり、席替え＝基本レイアウト10の紹介

第1章—1

席替え10種　全体構造図

出席番号順席替え

4月初め。子供が番号を覚えるのにいい。

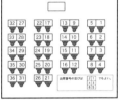

先生が決める

教師が決めるので児童配慮が万全にできる。

黒板あみだくじ

面白くて運要素がありドキドキを生み出せる。

くじ1位から決める方法

自分で決めるので、文句の言いようがない。

ご対面方式

男子が出ている間女子が選ぶ。男子も同様。待っている間も楽しい。

映画館方式

自分の好きな場所を選べる。友だちがどこかわからないのがいい。

目的　①交友関係を広げ、仲良くなる。
　　　②いろんな友だちの性格や趣味などを知る
　　　③マンネリ打破、気分一新

紙のくじ

元祖、運試し席替え。子供たちはドキドキする。

名前マグネットおみくじ方式

準備いらずで、誰の席に座るのか？の楽しみが作れる。

PCルーレット

うきうき気分にする機能。先生が決めているのに選んでいる風で面白い。

PC席替えメーカー

いろんな条件をいれて、素早く決められる。面白機能満載。

第1章 —2

出席番号順の席替え

　出席番号順席替え。どの学年でも初めの日から1、2週間はだいたいこの形をとる。(1年生は1か月以上。)この間に、子供たちの様子をしっかりと見る。次の席替えの布石となる。

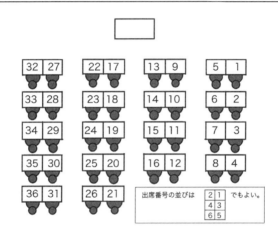

手順

⓪始業式の日、子供の移動のさせ方は地域、学校によってかなり違う。前担任が新教室の席に座らせる場合。新担任が席に座らせる場合など。いずれにせよ、出席番号順に座らせるように計画する。

①始業式の日。新担任のあいさつが済む。その時に、出席番号順で座っていないならば、出席番号順で座るように言う。

(1年生は机に名前が書かれているが、2年生以上は書いていないのが普通。名前を呼んで席に座らせるかTV画面に出席番号と名前をのせたものを画面に映すといい。)

第1章 | これでばっちり、席替え＝基本レイアウト10の紹介

② 「出席番号を覚えるために、その番号で座るよ」と伝える。
③ 「だいたい3〜7日ぐらいで席を変えるよ。」と言う。
④ 「視力や聴力が悪い子は、少しだけ我慢してね」と言う。
※ どうしてもという場合は、その子だけ2日以内に変えることもありえる。

笑顔で説明しよう。

<メリット>
① 子供たちが出席番号を覚えるのが楽である。（特に低学年は長い期間そうする。出席番号を覚えやすい。）
② 子供たちの様子がよくわからない中で、担任が名前を覚えたり、その子の性格などを知ったりするための時間をしっかりととれる。

<デメリット>
① 男子同士、女子同士が固まることがあるので、騒がしくなったり、逆に大人しすぎたりすることがある。
② 去年から喧嘩をしていたもの同士が隣になることもある。（そういう時は、2日目には席を変えることも考える。）

☆子供への導入例☆
　始業式の日から数日は、出席番号順で座ります。
　出席番号順は、健診の時にも使うので、覚えておいてね。
　だいたい1週間前後で席を替えるので、それまでに、出席番号と友だちの顔をしっかりと覚えてね。

第1章 ― 3

先生が決める席替え

最もオーソドックスな決め方。
子供たちの配置を教師がコントロールできるので、学級の仲を良くしたり、学級の状態を落ち着かせたりしやすい。

手順

事前に考えておく方法、当日に教室で考える方法がある。
第1回目の席替えは、事前に考えておく方法がよい。
今回は、2回目以降の当日に教室で考える方法を紹介する。
⓪隣同士と前後が男女になるよう、席の枠を板書する。
①「席替えをします。今日は、先生決めの席替えです。」と言う。
②視力や聴力、保護者の連絡で前にいく子を確認。
　「黒板の真ん中にマグネットをはって。」と言う。
③他の名前マグネットを男女で分けて集める。「男子は、黒板の左側に、女子は黒板の右側にはって。」と言う。

④子供たちは、机を後ろに向けて読書をしてもらう。

　※残りの漢字の学習等をしてもよい。

⑤視力等が悪い子から先に決める。

⑥他の子も決める。

> **山本の観点（5番までは絶対条件）**
> ①視力、聴力が悪い子を前から2列目までにする。
> ②保護者から受けた情報を配慮して、その児童を配置する。
> ③騒がしい子同士を近づけない。
> ④喧嘩が起こりそうな子、喧嘩が起こった子を隣にしない。
> ⑤勉強ができる子とできない子を隣にする。
> ⑥リーダータイプの子を席や班を一緒にしない。
> ⑦おとなしい子同士が隣にならないようにする。
> ⑧仲が良すぎる子はあえて離す。
> ⑨よく発表する子は、あえて離す。（そうすると子供がいろんな角度から声が聞こえてよい緊張を受け、授業をうけられる。）

⑦支援の先生が近くにいたら確認をとる。

⑧子供たちに発表をする。

＜メリット＞	＜デメリット＞
①先生が決められるので、おとなしい子、明るい子などの配置が自由。	①毎回すると子供が嫌がることがある。
②学級のトラブルがくじ系よりも減らす配置をたてやすい。	②苦手な子が隣に来た時、先生は考えてくれないと逆恨みをする子がまれにでる。

13

第1章 ― 4

黒板を使ったあみだくじ席替え

子供が楽しんで行うあみだくじ形式。
子供たちが自分であみだの線を引き、教師も引く。
誰にもどこにいくかわからない。それが面白い。

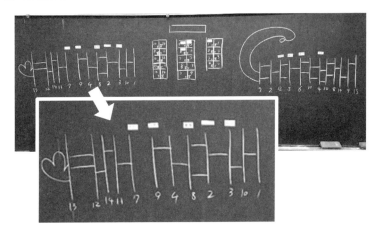

手順

①黒板に座席表を描く。

②男女隣同士、前後が男女になる座席表を黒板に描く。

③視力や聴力、保護者の連絡で前にいく子を確認。座席を教師が決める。

④**空いている枠に座席番号を書く。白で1〜14、黄色で1〜14。**

　（男子は白色。女子は黄色で座席番号を書く。）

⑤男子14人なら、黒板の左側に縦線を14本書く。

⑥女子14人なら、黒板の右側に縦線を14本書く。

⑦縦線の下に座席番号を教師が書く。ばらばらの順番で書く。

第1章 | これでばっちり、席替え＝基本レイアウト 10 の紹介

⑧男女共に、名前マグネットを線の上にはらせる。
そして、横線を２本ずつ書かせる。
（班ごとにこさせ、渋滞を緩和する。）
⑨教師が横線を 10 本以上つけたす。
⑩あみだくじを開始していいか訊く。
⑪**開始。教師が運動会のテーマ等の歌を歌いながら、名前マグネットを上から下の線にそって移動する。たどりついたら、下に書いてある番号の下に名前マグネットをはる。**
⑫**同様に全部の名前マグネットを動かす。**
⑬全部完了したら、座席表の番号が書いてあるところに名前マグネットを移動させる。
⑭子供たちを移動させる。
⑮隣の子が前の席のメンバーと違うならば、OK。同じならば、先生が適当に変えてあげる。

＜メリット＞
①子供が楽しんでやる。
②非日常感をより演出できるのがいい。

＜デメリット＞
①時間がいつもよりかかる。
②メンバーが固まることがある。

☆**子供への導入例**☆
　今回は、あみだくじ席替えをしようと思います。
　あみだくじ、あみだくじ、どこにいくかな、あみだくじ♪ですね。
　あみだくじって知っている？（板書）こういうもので、上に名前をはって、その線の番号にいくとその場所に移動という形ですよ。
　まあ、やってみましょう。楽しいよ。

15

黒板あみだくじの席替え方法

① 座席表板書
（男女交互）（色分けして数字を書く。）

②黒板の左に男子の数だけ、あみだくじの線を書く。女子も同様に右側に書く。
線の下に座席の数字を書く。

③あみだくじで決める席替えです。
線の上のところにマグネットをおきます。下のところに向かっておりて、席の数字の場所が席ですね。
もちろん、視力、聴力、おうちの人に言われている人は先に決めますよ。質問ある。

④視力、聴力、保護者の意向で2列目ぐらいまでがいい人？
（先生が決めますね）

⑤その子らの名前マグネットを黒板にはる。決まった人の数だけ、線を消す。

⑥では、マグネットを線の上におきます。おいたら、横線を2本ひいてね。

⑦1、2班、どうぞ。
（順番にいかせる。）

⑧マグネットが重なったらじゃんけんします。
（じゃんけんさせる）

第1章 | これでばっちり、席替え=基本レイアウト10の紹介

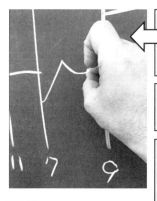

⑨先生も線をひきますね。(男女どちらも線を10本以上ひく。)

⑩それでは、スタートしていいですか。

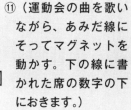

⑪(運動会の曲を歌いながら、あみだ線にそってマグネットを動かす。下の線に書かれた席の数字の下におきます。)

⑫それではその座席番号のところにマグネットを動かしましょう。

⑬確認します。
隣の席が先ほどと同じ人はいませんか。

17

第1章 — 5

紙のくじを使った席替え

子供が楽しんで行う紙のくじを使った形式である。
子供たちが自分で選択するので、納得しやすい。
どこに誰が来るのかわからない、それが面白い。

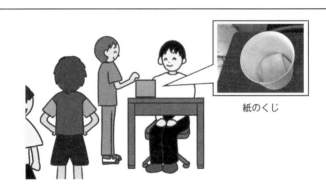

紙のくじ

手順

① A4用紙、8等分の大きさの用紙をクラスの人数分、用意する。
②男子は黒ペン、女子は赤ペンで人数分の番号をくじに書く。
　男子15人なら、1〜15まで番号をくじに書く。(くじは折らない。)
③黒板に座席表を描く。(男女隣同士、前後男女の枠)
　※空いている枠に座席番号を書く。白で1〜15、黄色で1〜15。
　(男子は白色。女子は黄色で座席番号を書く。)
④視力、聴力、どうしても前で勉強したい子、保護者の連絡で前にいく
　子など配慮が必要な子を確認する。
⑤配慮が必要な子たちの座席の番号を決める。
⑥配慮が必要な子たちのくじの番号を選び、2回折る。
　男女別の袋に入れる。

⑦配慮が必要な子たちが先に、くじを引く。

⑧くじを引いた配慮が必要な子は、黒板の座席表の番号が書いてあると
　ころに名前を書く。（ネームプレートをはらせてもよい。）

⑨残りのくじを２回折る。そして、男女別に袋に入れる。

⑩じゃんけんをして勝った人の列から、くじを引く。

　くじは教卓の前で引かせる。

　引いたら、黒板の座席表の番号が書いてあるところに、名前を書く。

　ネームプレートをはってもよい。

⑪全部くじを引いて、黒板の座席を埋めさせる。

⑫自分の席があるか再度子供に確認させる。

⑬移動させる。

＜メリット＞	＜デメリット＞
①子供が自分で選択したので文句が出にくい。 ②どこの席になるのかわからないのでワクワク感がある。	①くじを準備する時間がかかる。（１度だけだが） ②やんちゃなメンバーが固まり、指導がしにくくなる可能性がある。

☆子供への導入例☆

　次の授業時間で席替えをします。今回は、くじ引きで行います。

　くじを作ってくれる人。（全体に聞く）ＡさんとＢさんお願いします。

　くじなのでどの席になるかわかりません。

　自分で運をつかんでください。

　ただし、視力など配慮が必要な人は前の方になるようにします。

　遠慮せず言ってください。

紙のくじの席替え方法

⓪紙くじを作る。
　黒ペンで1〜20。
　赤ペンで1〜20。

①座席表板書
　(男女交互)
　(色分けして数字を書く。)

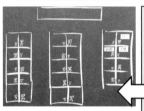

②今日の席替え方法は、くじをひいて決める方法です。
黒の数字が男子、赤の数字が女子です。ひいた番号に移動します。もちろん、視力、聴力、おうちの人に言われている人は先に決めますよ。

③質問がある人？

④視力、聴力、保護者の意向で2列目ぐらいまでがいい人？
(先生が決めますね)

⑤(視力関係の3人を先に決めた場合の黒板写真。)
座席表のその決めた子の場所の数字を消す。
座席表の番号の紙くじを抜いておく。

⑥それでは、男女どちらからひくか代表じゃんけんしましょう。
(じゃんけんする。)

⑦決まりましたね。では、男子(女子)は、教卓前に並びます。

第 1 章 | これでばっちり、席替え＝基本レイアウト 10 の紹介

⑧くじを順番にひいてもらいますが、ひいても見ないでくださいね。

⑨では、女子（男子）もくじをひきましょう。

⑩全員ひきましたね。ではくじの番号を確認しましょう。

⑪では、自分の名前マグネットをその番号の座席表のところに置きましょう。
（班ごとにいかせる。混雑を防ぐため。）

⑫隣の席が先ほどと同じ人はいませんか。
（同じなら替える）

第1章 ― 6

名前マグネットおみくじ方式

「名前マグネット」をおみくじに使う。「誰の席をひくかな」とワクワク、ドキドキ感がある。準備物を新たに用意をしなくていいので、お手軽だ。

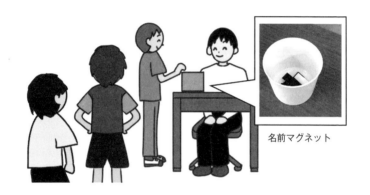

名前マグネット

手順

①男女隣同士、前後が男女になるように、黒板に座席表の枠を描く。
②視力や聴力、保護者の希望で前にいく子を確認。
　マグネットを前に持ってこさせ、前と同じ席にならないように配置。
③男子のマグネットと女子のマグネットをわけて集める。
④男女どちらから決めたいかをきく。代表じゃんけんで決める。
⑤**男子からと決まったとする。男子のマグネットを裏向けて教卓におく。**
　（箱があれば、それに入れておくのもいい。）
⑥男子を教卓の前に1列で並ばせる。
⑦前から順番に札をみずにとらせる。とってもまだ見ないように言う。

⑧女子も同様に、並ばせてとらせる。(⑤〜⑦)

⑨1度席に座らせる。マグネットの名前を確認させる。(自分のマグネットをひいたら後で言うように伝える。)

⑩マグネットを持っている人がどこにいるかわかったら手をあげさせる。

⑪**マグネットを持ったまま、相手が先ほどいた場所に移動させる。**

⑫隣の人が前と同じ人でないかを確認する。

同じ人なら、替わってもいい人に替わってもらう。(替わってもいい人が多ければじゃんけんか先生が決める。)

⑬これでいいかの最終確認。OKならば、席替えは終了。

＜メリット＞
①準備時間がほぼ0分。
②くじと同様のドキドキ効果を与えられる。

＜デメリット＞
①確認が甘いと移動で混乱することがある。
②メンバーが固まることあり。

☆子供への導入例☆

　今回は、名前マグネットおみくじ方式の席替えをします。

　ルールは簡単。名前マグネットを預かります。それをみんなはひきます。そして、その名前の席の人の場所にいくという感じです。

　もちろん、視力や聴力の関係などで前がいい人は先に決めるからね。では、やってみましょう。

名前マグネットおみくじ方式

① 座席表板書
（男女交互）
（色分けして書く）

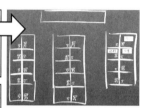

⑤ 視力、聴力、保護者の意向で2列目ぐらいまでがいい人？
（先生が決めますね）

② 今日の席替え方法は、**名前マグネットおみくじ方式です。ひいた人の名前のところに移動します。**もちろん、視力、聴力、おうちの人に言われている人は先に決めますよ。

⑥ 視力関係の子の名前マグネットは、先に先生がはりますね。

⑦ それでは、男女どちらからマグネットをひくか代表じゃんけんしましょう。

③ 質問がある人？

⑧ 決まりましたね。では、男子（女子）は、教卓前に並びます。

④ マグネットを集めます。男子は教卓に。女子は、先生の机に置きましょう。

⑨ マグネットを順番にひいてもらいますが、まだ見ないでね。（見えないように裏に向けた状態でとらせる）

第 1 章 | これでばっちり、席替え＝基本レイアウト 10 の紹介

カラー版の資料です。
ダウンロードや印刷を
してご利用ください。

相手の名札の
　　場所に移動する。

⑩では、女子（男子）も とりに来ましょう。

⑪全員とりましたね。では見てください。

⑫自分のマグネットに誰の名前が書かれていますか。そしてその人がどこにいますか。指さしましょう。

⑬その場所の席にマグネットを持ったまま、人だけ移動します。（移動間違えがあるので要確認。）

⑭隣の席が先ほどと同じ人はいませんか。

⑮大丈夫なら座席表にマグネットをはろう。

25

第1章 — 7

くじ1位から席を決める方式

子供が自分で選んでいるから文句のいいようがない席替え方法。
自分が決めた後に、そのまま名前を出す方法と名前マグネットを裏に向けて名前を隠す方法がある。どちらも楽しい席替え方法だ。

手順

⓪紙のくじをクラス人数分つくる。30人なら1〜30番をつくる。
①黒板に座席表を描く。男女交互になるように色分けをして描く。
②くじをひいて「1番の人から決められる」ルールを説明する。
③視力、聴力、保護者の意向で前のほうの席などの希望を確認。あれば、それを聞き、教師が決める。（前と同じ席にならないようにする。）
④くじをひかせる。（くじをひく順番は適当。しかし、文句がでそうなら、じゃんけんで決めるのもいい。）
⑤順番を確認する。

⑥待っている人は、席を後ろ側に向ける。読書をして待たせる。

⑦1番の人を呼ぶ。

名前マグネットを座席表にはらせる。

(はる時に、裏返して、名前が見えないようにする。見えるようにしてもいいが、見せない方が面白い。さらに、

紙くじが入った入れ物

好きな子を選ぶことができないので、名前が見えないようにする方がお勧めである。)

※名前マグネットをはった後は、座席に戻り、読書をして待つ。

⑧**2番〜最後までの人を呼んで名前マグネットをはらせる。**

⑨貼り終わったら、机とイスを前向きにさせて、座席を確認させる。

⑩席替え前と同じメンバーが隣にいないなら、終わりとする。

<メリット>
①自分で決めているので、子供からの文句がまずでない。
②ドキドキ効果を与えられる。

<デメリット>
①メンバーが偏る可能性がある。
(マグネットを両面使えるものにすれば、かなり防げる。)

☆**子供への導入例**☆
　今回はくじを引いて1位の人から席を自由に決める方式にします。
　1番の人から好きな場所にマグネットをはって決めます。
　質問がある人はいますか。(ありません。)
　それではやっていきましょう。くじは、〇班からまわっていくでいいですか。(場合によっては、班長じゃんけんでくじをひく班を決める。)
　はい、ではいきますよ。くじをひいてもまだ見ないでね。

くじ1位から決める席替え方法

⓪紙くじを作る。
30人なら
1〜30番まで。

①座席表板書
（男女交互）
（色分けして男、女と書いておく。）

②今日の席替え方法は、くじをひいて決めます。ひいた番号の数の小さい順に席を自由に、決めることができます。
もちろん、視力、聴力、おうちの人に言われている人は先に決めますよ。

③質問がある人？

④視力、聴力、保護者の意向で2列目ぐらいまでがいい人？
（先生が決めますね）

⑤視力関係の子の名前マグネットを先生がはりますね。

⑥くじを順番にひいてもらいます。
班長立って。じゃんけんでどの班からひくかを決めましょう。

⑦〇班が最初ですね。それでは、くじを順番にひいてもらいます。ひいてもまだ見ないでくださいね。
（くじをひいていく）

第 1 章 | これでばっちり、席替え＝基本レイアウト 10 の紹介

カラー版の資料です。
ダウンロードや印刷を
してご利用ください。

⑧全員ひきましたね。
では番号を見てください。

⑨では1番の人、自分のマグネットを空いている所にはりましょう。

よし、1番目に
うめられる！

⑩時間がかかるので、みなさんは、後ろを向いて、本読みをして待っておきます。

⑪（子供が順番に名前マグネットをはる）
※1人30秒ぐらいで決めるように言う。

⑫全員はりましたね。
確認します。
隣の席が先ほどと同じ人はいませんか。

29

第1章 —8

ご対面形式の席替え

男女が別々で好きな席を選び、後から対面する形式の席替え。
子供たちの性格や人間関係が垣間見える。
対面する時のドキドキした空気がたまらなく楽しそうである。

教室内で席選び（男子）

廊下で待機（女子）

手順

①黒板に座席表を描く。男子と女子の席を隣同士にする。
　前後も男子、女子にする。

②男女どちらから決めるかを考えさせる。（じゃんけんでよい。）

③先に決める方（例えば男子）が教室に残る。後の方（女子）は廊下で
　待機する。（この時、静かに待つことを学級全体で約束する。静かに
　待てなければ先生が決めると伝える。）

④**男子の番**。黒板の好きな席に名前マグネットをはらせる。
　（視力等で配慮の必要な子は先に選ばせる。）
　（好きな場所に貼れるので、同じところに複数名はってもよい。重なっ
　た場合は本人同士で相談させる。教師の目の届くところでさせる。）

（相談をさせるのが不安な場合は、じゃんけんをさせるといい。）

⑤全員がはれたら場所の確認をする。

⑥写真を撮る。撮影後、自分の名前マグネットをとらせる。

⑦男女の入れ替えを行う。男子は廊下で静かに待つ。

⑧女子の番。黒板の好きな席に名前マグネットをはる。④〜⑥と同じ。

⑨男女ともに教室に入り、自分が選んだ席に座らせる。

　※素敵な笑顔であいさつをするように言う。

⑩名前マグネットを黒板の座席表にはらせる。（新しい座席の場所に。）

⑪全員で座席の確認をする。

　※自分で選んでいるので、基本的に座席の入れ替えは行わない。

＜メリット＞	＜デメリット＞
①人間関係を把握できる。	①早くても20分はかかる。
②子供が楽しめる。	②話し合いが入ると長くなる。
③ものすごいドキドキ感を感じられる。	③苦手な子やトラブルのある子が近くになる可能性がある。

伝えておきたいことは、事前に二つある。

　「①ひとりで座るなら『誰とでも力』が上がる。（誰とでも仲良くすごせる力がつく。）」「②すごく揉めた場合は先生が決める。」

　この席替えは、児童の関係を把握しやすいのもいいところである。

　ご対面した瞬間の子供たちの表情、視線、会話である程度のことがわかる。違和感ある反応なら、必要に応じて個別指導を入れたい。

＜☆子供への導入例☆＞

　ご対面形式の席替えをします。男女で分かれて席を選んで、後から「せーの」で座ります。仲良しの子と近くに座るもよし。1人で好きな席を選ぶもよし。とってもわくわくする席替えです。

ご対面形式の席替え

①座席表板書(男女交互で色分け。)

②男女どちらから席を決めるか発表する。

③男女別で座席を選び、後から「せーの」で座ります。男子が決めている間、女子は廊下で待ちます。**廊下では静かに待ちましょう。騒がしくなったら先生が座席を決めます。**

目隠しのカーテンがあれば閉める

教室の前の窓際に並ばせる。
隣が空き教室であればその前に並ばせる。

④では、女子は廊下に出ましょう。

⑤視力、聴力、保護者の意向で先に決める人?(先生と相談しながら決める。)

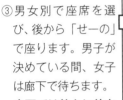

⑥**視力関係等で決めた席は選べません。**まだ選んでいない人たちで席を選びます。重なってもかまいません。(マグネットをはらせる。)

⑦マグネットが重なった人たちでどうするか相談します。(話し合い・じゃんけん等、何で決めるか相談させる。教師は見守る。)

⑧**男子の席決め後、写真を撮る。マグネットを確認。**

⑨マグネットを取り、後ろのドアから廊下へ出ましょう。

第 1 章 ｜ これでばっちり、席替え＝基本レイアウト 10 の紹介

カラー版の資料です。
ダウンロードや印刷を
してご利用ください。

⑩女子は前から教室に入りましょう。

⑪女子も手順⑤～⑨をする。

⑫では、マグネットを取って前に並びます。

⑬男子は後ろから教室に入ります。

⑭「せーの」で自分の席に座りましょう。座ったら笑顔であいさつします。

⑮全員のマグネットをはり、座席の最終確認をする。

33

第1章 —9

超斬新！映画館方式

校外学習のバスや修学旅行の新幹線座席を決める時に使える。
映画館に行ってチケットを買う時のように座席を決める方法。
クラスの子供たちが楽しみながら席を決められる。

 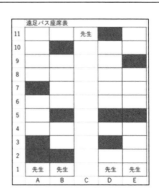

手順

⓪エクセルで座席表を作っておく。

①黒板に座席表の拡大図を投影する。（テレビ画面でもよい。）

②酔いやすい子、先生の近くが安心する子などを聞く。

③その子たちだけ、先に決めさせる。順番はくじの小さい数の番号順などで決める。

④先に引いた子の分の数だけ、くじを抜く。人数を合わせる。

⑤残りの子にくじを引かせる。

⑥くじで1番を引いた子から一人ずつ順に呼ぶ。席を選ばせる。

　※他の人からは見えないように先生のPC画面を指差させる。

　（周りの子たちにどこを選んだかわからないようにするため。）

⑦待っている間は別課題（読書など）をさせておく。

⑧選んだ席にPCで名前を書き、上から同じ色で塗りつぶす。(前ページ図)

⑨全員選んだら塗りつぶしを解除して席を発表する。

<table>
<tr><td>

＜メリット＞

①自分で座席を選んでいるので納得感がある。

②隣の席が誰になるかわからないワクワク感がある。

</td><td>

＜デメリット＞

①時間がかかる。

②クラスの状態によっては席を発表した時に文句が出ることがある。

</td></tr>
</table>

ポイント

①クラスの仲が高まっていないならば、先にペアを決めさせるといい。

そうすることで苦手な子と隣になるトラブルを避けられる。

ただしペアを決めるときに一人になる子が出ないように配慮する。

②隣同士、通路側と窓側は行きと帰りで入れ替わってもいいこととする。

もし思い通りの席になっていない子がいても、少しの自由度があるので納得しやすい。

③教室の席替えにも応用できる。その場合は視力など配慮のいる子が先に選べるようにするとよい。

☆子供への導入例☆

遠足のバス座席を決めます。映画館のようにします。映画館でチケット買ったことある？もう埋まっている席には色がついて選べないようになっているね。あんな感じです。自分の席は自分で選ぶのだけど、他の席に誰がいるかはわかりません。ワクワクします。

楽しいし、「誰とでも力」も上がります。やってみましょう。

※もちろん普段の座席決めでもできる。今回はバスの座席決めで紹介。

超斬新！映画館方式

⓪エクセルで座席表を作っておく。
（バス会社から送られてくる座席表）
※教室席替えは不要

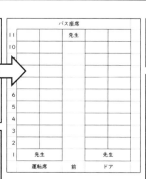

①遠足のバス座席を決めます。映画館のようにやります。映画館でチケット買ったことある？　もう埋まっている席は色がついていて選べないね。あんな感じです。自分の席は自分で選ぶんだけど、他の席に誰がいるかはわかりません。ワクワクします。楽しいし、「誰とでも力」も上がります。

②座席表掲示
（板書してもよい）

③席を選ぶ順番をくじで決めます。酔いやすい人、先生の近くがいい人はいますか？　最初の方に選べるようにしますね。

④その子たちの人数分のくじを抜く。抜いたくじを引かせる。

⑤それ以外の人、くじを引きにきましょう。

⑥1番の人から席を選びにきます。他の人には見えないように、先生のパソコンの画面を指さしてね。

（バスの座席決めの場合）

カラー版の資料です。
ダウンロードや印刷を
してご利用ください。

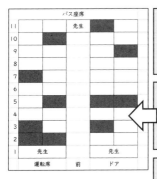

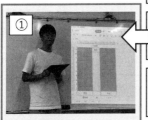

⑦待っている人は読書をしておいてね。
1番の人、2番の人…

⑧子供が選んだ席にPCで名前を書き、同じ色で塗りつぶす。

⑨席を発表します。

⑩PCの塗りつぶしを解除する。①、②

⑪選んだ席とちがった人はいませんか。

⑫隣になった人にあいさつをしておいで。

⑬行きと帰りで窓側と通路側の席は隣を交代してもいいよ。※バスの座席を決める時のみ

第1章 —10

PCルーレットを使った席替え

　クラスみんなで楽しんで行うルーレット形式の席替え。
　子供たちの「ストップ！」という声とともに、次々と、席が決まっていく。イベントのようなスペシャルな空気感が楽しい。

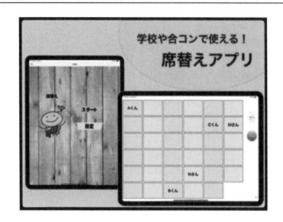

手順

⓪-1 席替えアプリをインストール。
⓪-2 クラスの子供の名前と性別の登録・追加をする。
⓪-3 視力や聴力、保護者との確認で前方にいく子を確認。座席設定する。
⓪-4 配慮が必要なら、子供には内緒で、座席間距離設定をする。

①スタートから、ルーレットを始める。
②順にルーレットを進めていく。
③自分の番で「ストップ！」と言わせ、その声に合わせて止める。

④欠席の子供がいた場合は、教師がルーレットを止める。
⑤クラスの全員の座席が決まれば、一斉に座席を移動。

<メリット>
①BGM付きで、盛り上がる。
②座席や、座席間距離の指定までできるので、その場での裏工作に慌てなくてよい。
③先生でなく、ルーレットで決めることが、決まった席に対する子供の納得感になる。
④PDFにして、専科に渡せる。

<デメリット>
①地方自治体によって、アプリの導入ができない。
②3回連続で同じ座席になることもある。
③裏の設定を万が一、子供に知られたら教師への信用がなくなる。

「あの子は、ここの席にしたい！」座席指定設定

落ち着かない子の対応、支援学級担任の要望など、クラスの実態によっては、座席を指定したいこともあるだろう。

設定をしても【ルーレットをあり】にしておくといい。

みんなと同じようにルーレットの演出で決まる。

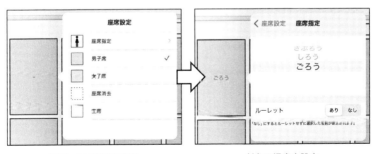

指定したい座席を選ぶ　　　　　　　　対象の児童を設定

「あの子は席を離したい！(近づけたい)」座席間距離設定

席はどこでもいいが、少し離しておきたい、近づけておきたいことはあるだろう。

①座席設定から座席間距離設定を選ぶ。
②設定したい子供２人を選択する。
③２人を近づけるのか、遠ざけるのかを設定する。
④選択した２人の座席間隔を選ぶ。

「前方を希望する子にも席替えの気分を！」座席行指定

黒板が見えにくい子には、「前方（１列目か２列目）になるようにルーレットを設定しようか！」と提案する。子供は喜んでくれる。

第1章 | これでばっちり、席替え=基本レイアウト10の紹介

「席替えがパーティのように！」サウンド設定が便利！

BGMがつくだけで、クラスはさらに盛り上がる。

過去の受け持ったクラスでは、BGMに合わせてみんなで歌い出すこともあった。

また、ルーレットを回している動作の音、ルーレットが止まった音も、変えられる。席替えをする度に変えると飽きない。

☆子供への導入例☆

先生の秘密アイテム！ルーレットを使った席替えをしますよ。

ルーレットで決めたことある？　ちょっと、やって見せますね。（実際に見せる）楽しそうだなあ！

ルーレットで、自分の順番が来たら「ストップ！」って言ってね。先生がその声に合わせてストップを押しますから。さあ、練習！

「ストップ！」って言ってごらん。いい声だなあ。先生に聞こえる声だと、先生もすぐ押せるからね。さあ、○○さんから始めるよ！

ダウンロード
App store
¥2,000
2024年現在

https://boo-tktsh.ssl-lolipop.jp/
introduction/席替え/

席替え – Takatoshi Fukino
コンテンツへスキップ 席替えアプリでは授業や合コンなどで活...

41

第1章 —11

PC「席替えメーカー」方式

「隣にするとケンカが起こるので離したい。」「同じ子が隣にならないようにしたい。」等、たくさんの条件を考えると時間がかかる。
『席替えメーカー』ならその悩みを一気に解決できる。

ダウンロード
サイト（無料）
「席替えメーカー」
の検索でも探せる。

手順

⓪サイトからダウンロード。

①右の「座席数」の所で座席の形を決める。
　例：36人席の4人班で作る。

②席替えメーカーに「現在の座席」を入力する。36人ではなく、実際のクラスの人数でいい。

③男子と女子を分ける。
　名前をクリックすると色を変えられる。

④条件を入力する。

「子供同士を近づける」を使う場合は以下の条件に合う子をいれたい。

①友だち関係で安心できる子がいる。
②ある友だちからいい影響を受けてほしい。
③一緒になることで力を発揮する子がいる。

「生徒同士を離す」を使う場合は以下の条件がよい。

①席が近くなることでトラブルが起こる。
②席が近くなることで授業に集中できなくなる。
③保護者から席を離してほしいと要望がある。

　その外にも、視力が悪く前列にしておいた方がいい児童。落ち着きがなく常に教師の目の届くところで見ておきたい児童がいる場合。
　特定の座席で固定する　という条件を入力する。

⑤条件入力後、「席替え」ボタンを押す。

「今の座席から全員移動させる」「男女の座席を固定する」にチェックを入れておくと後の微修正が少なくて済む。

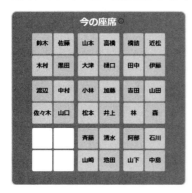
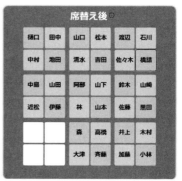

⑥時に、条件を再設定して席替え

席替えを実行した後でも、右側に、再度、条件を加えたり、席を並び替えたりすることができるアイコンがある。

納得いくまで、何度でも席替えを行おう。

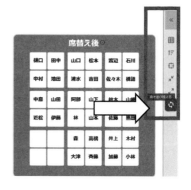

⑦**手動で微修正を行う。**

　前回と隣同士が同じだった場合や班のメンバーが同じだった場合など微修正が必要な時は、個別に席同士を替える。

⑧**席替え完了**

　念のために、再度見直すといい。

<メリット>
①条件さえ入力すれば、あっという間に席替えができる。
②細かな微修正もできる。
③出来上がった席をスクリーンショットでとっておくと、次の席替えにもいかせる。
④「席替え後」の画面を大型テレビやプロジェクターなどで映すだけで済む。(黒板に書き直す必要なし。)

<デメリット>
①条件を入れすぎると、「条件が多すぎます」とメッセージが出る。(条件を減らして手動で入れ替えを行う。)
②手動で入れ替えすぎると、最初に決めていた条件から外れてしまうことがある。(○○と△△は席を離すなど)信用しすぎずに確認する。
③画面の表示サイズが大きいと席が表示されない時がある。

☆こんな使い方もできます☆
①指導案などに児童の座席を載せる場合、「席替えメーカー」で作成したものを貼り付けるとよい。
②クラスが安定していて、特に条件などを指定する必要がない場合、児童の前で「席替え」ボタンをクリックするだけでくじ引きの代わりとして使える。

コラム　趣意説明　全学年対象

なんで席替えをしたいの？

子供から「席替えはいつするのですか。席替えがしたいです。」がでたら、全体に「どうして席替えをしたいのか。」を必ず聞こう。
何のための席替えかを全体で共有しよう。

前提条件・ポイント

①席替えをしたいという子や「先生、いつ席替えをするのですか。」と聞かれたら行う。
②全体がしっかりと聞いている状況で言う。
③席替え前にも確認しよう。座席の決定瞬間のマイナスな「えー」等を防げる。

席替えをしたいですか？（したいです。）

何で席替えをしたいのですか。（新しい友だちと話せるから。）（もっとみんなと仲良くなれるから。）など

なるほど、それはそうだね。じゃあ、席替えをするのは、新たな友だちと話して、仲良くなるからだね。（はい。）

じゃあ、もし、自分が苦手な人がいたとして、その子と隣になったら、友だちに嫌とか言ったり、その人と話さなかったりしていいですか。（だめです。）

そうだね。**みんなが、席替えをする目的は『みんなと仲良くなるため、だれとでもある程度仲良くするため』**だよね。

そのことを忘れてはいけませんよ。

それでは、7日ぐらいで席替えをするとしましょう。

第2章

席替え =
しっかり押さえよう
基本コンセプト

第2章 —1

1年間の席替えポイント

1学期
① 出席番号順席替え　　4月初め
② 先生決め席替え　　　4月3週目
③ PC ルーレット方式　6月
　（あみだくじ方式もあり）
　※子供たちに選ばせる。
④ 先生決め席替え　　　7月半ば
　※2学期初めの席替えをしてしまう。

先生決めの間にクラスを安定させる

2学期
① 名前マグネットくじ方式　10月
　（紙のくじ方式もあり）
　※子供たちに選ばせる。
② 先生決め席替え　　　　11月
③ 1位から決める方式　　12月半ば
　（他の方式もあり）
　※子供たちに選ばせる。

**クラスの安定度によってくじ系の席替え期間を
短くするか長くするか決める。**

目的　①交友関係を広げ、仲良くなる。
　　　②いろんな友だちの性格や趣味などを知る
　　　③マンネリ打破、気分一新
ペース　初めは１週間　その後は１か月半。
　　　くじ等で決めた後は１か月少しと短くするのもあり。

山本東矢の場合
カラー版

３学期
①先生決め席替え　　　１月末
②ご対面方式　　　　　３月
　※子供たちに選ばせる。

安定していれば、１週交替などもあり

席替えの基本

①男女隣同士（前後も）。

②隣が直近と同じ人なら変える。

③決まった時に文句を言わせない。

④なぜ席替えをするのかを子供たちに問う。

⑤子供たちに席替えのパターンを選ばせる。

⑥席替え後に、班協力か班対抗系ゲームをし、楽しませる。

⑦席替えをすると２日前には予告。

⑧専科の席替えは担任が決める。

⑨宿泊学習の席の決め方は、超入念に学年で検討。

第2章 — 2

低学年の年間席替え事例

　1学期は教師が決める。2学期10月ごろからあみだくじ方式を考える。3学期は子供の状態によって、違うタイプの席替えでもいいが、低学年は基本、教師が決めるでいい。

実際

　1年生と2年生でかなり違う。

＜1年生＞

　1年生は、当分の間担任が決めてもよいかもしれない。

　そもそも「席替えってあるんだ」という概念である。

　また、1年生は、出席番号を覚えるのも大変なので、通常他の学年ならば、最初の1週間を出席番号順にするが、**1年生は1か月間は同じでもいい**。その後は、担任が決めた席替えをする。

　2学期も席替えをするが、2回ぐらいでいい。

1回の席替えで2か月以上はしたほうが子供は覚えられるし、忘れにくい。

3学期は、最後の3月ぐらいにくじをしてもいいかもしれない。

＜2年生＞

> 2年生は、「**出席番号順（1週間）→教師決め→教師決め→くじ→→教師決め**」の流れでいいと思う。（教師決めを多めにして、たまにくじという形。）

学期初めは、特に、教師が決めるようにするといい。学級が安定しやすい。

＜メリット＞
①先生が決められるので、手がかかる子、明るい子などの相性を考えての配置が自由。
②学級のトラブルがくじ系よりも減らす配置をたてやすい。

＜デメリット＞
①熟考する時間が必要。（特別支援学級担任と相談必要）
②よく考えないと座席のことで、保護者から苦情がくることがある。

☆思うこと☆
　低学年の子供が「先生、席替えしてほしい！」と言うことはあまりない。だから、教師の意図を思いきり反映させることができる。
　それがうまく左右する場合が多い。しかし、意図していない組み合わせで意外な友だち関係が生まれることもある。学期末には子供が求めていなくても、くじ系席替えをするのもよい。

第2章 — 3

中学年の年間の席替え事例

　子供たちが楽しみにしている席替え。毎回、同じ方法での席替えでは、子供たちが飽きてしまう。行事や子供たち、学級の成熟度によって席替えのやり方を変えよう。安定した学級にしていく。

1学期　教師が決める

　4月当初は、基本的に名簿順で座らせる。

　身体計測などで名簿順に並ぶ時に、素早く並べる。

　しかし、学習や人間関係の配慮がないのでトラブルが起こりやすい。

　2週間程度を目安に次の席替えを行うとよい。なお、人間関係が安定しない1学期は教師が席替えを行うとよい。ポイントは以下。

①板書が見えにくい子は前にする。（1〜2列目）
②支援、配慮が必要な子は教師の目が届きやすいところに固定する。
③男女が隣同士になるようにする。
④班で学力に差が生まれないようにする。
⑤同じ場所、同じメンバーにならないよう配慮する。
　（毎回は難しいので、少なくとも2回分の席替えで被らないように）
⑥姿勢などが崩れやすい子は他の子の視界に入りにくい場所にする。

　⑥の姿勢が崩れやすい子の話だが、大型テレビの前に配置すると、周りの子の視界に入り気になってしまう。

　姿勢が崩れやすい子が周りから注意されて学級の空気が悪くなることがある。それを防ぐために廊下側等の視界に入りにくい場所にしたい。

　1学期半ばからは班活動を多く取り入れ、班活動の楽しさを実感させることも大事である。

2学期　行事によって席替えをする

2学期は運動会や学習発表会、校外学習など子供たちが楽しみにしている行事がある。それらの行事と席替えを連動して行うとよい。

例えば、学習発表会で同じ場面に登場する子で班をつくる。校外活動での活動班ごとの席にするなどだ。

そうすることで休み時間に一緒に練習したり、給食の時間にそれらの行事の話題で盛り上がったりできる。行事で子供たちの仲がより深まる。

授業時間以外に自主的に打ち合わせたり練習をしたりすることもある。そういった場面を見つけたら、教師が認め、褒めたい。このようなことの連続でいろんな友だちの良さに気付ける子供に育っていく。

3学期　くじ引きなどお楽しみの要素を入れる

年度も終わりに、くじ引きなどドキドキする席替えを実施する。
別れの3月なら、1週間ごとにくじ引きを行う。
金曜日の帰りの会で「来週の運試し！」といって席替えを実施する。
こういったくじ引きは、朝にするとどうしても時間がかかる。
比較的時間にゆとりのある帰りの会がおすすめである。

☆実際☆

くじ引きやお見合い方式で席替えを行ったとき、子供たちから「えー。」といった声が出る場合はそもそも学級が実施できる状態ではない。席替えをすることで学級が崩れることもあるので、中学年段階では1年間、教師が席替えを行い、安定した人間関係をつくるのも大切。

第2章 — 4

高学年の年間席替え事例

席替えは子供にとっての一大イベント。
子供たちみんなが納得して学べる座席になれば最高である。
そして、「どんな席でも学べる」子に育てたい。

1学期　教師が決める

みんな緊張の4月当初。基本的に出席番号順で座らせる。

もちろん、視力等で配慮があれば変更する。

2週間ほどたったら席替え。教師が決めた座席に座らせる。

この時期は同じような場所に偏らないよう、子供たちの座席をまんべんなく動かす。ただし配慮のある児童は密かに固定気味。

子供たちの相性や力関係を把握したい。だから、席替えのたびに様子を観察する。また、学級遊びや班遊びを積極的に取り入れ、隣の子や近くの子と「一緒の席になれて楽しい」という感覚を味わわせる。

校外・宿泊学習前は、その活動班ごとに座らせることもある。

2学期　子供にゆだねる

学級が安定してきたら子供たちに席替えの方法を投げかける。

「学級の状態がとてもよいので、みなさんに席替えを任せようと思います。どのように決めますか?」

学級会等の時間で席替えの方法を話し合わせる。

ここでは席替えの方法は、あまり重要ではない。

方法を話し合う → 席替えをする → 振り返る → 次に生かす

というPDCAサイクルを回すことに意味がある。

第2章 ｜ 席替え＝しっかり抑えよう基本コンセプト

3学期　お楽しみ

　年度終わりに近づき、学級の絆が深まってくる。

　3学期前半は2学期通り子供たち主体の席替えを行う。

　後半にお楽しみ席替えを行う。席替えの例を2つ紹介する。

先着順！
レストラン形式

①黒板に男女の座席指定だけ
　を書いておく。

②登校してきた人から好きな
　席に座る。

③一度決めたら変更しない。

注意点

　教師は児童の登校前から教
室に待機しておく。

　トラブルが起こりそうなら
違う方法を考える。

新発見！
似たもの形式

①教師が子供に数問のアン
　ケートをとる。アンケートは
　選択肢で作成。

②教師が、同じ回答だった子た
　ちを班にする。

③班でどう座るか話し合い、座
　席を決定する。

注意点

　結果に偏りの少ないものを
使う。

　お楽しみ席替えは文字通りお楽しみが目的である。長期間は座らせない。週に1回くらいのスパンでどんどんお楽しみ席替えを実施する。

席替え裏話

　どの席替え方法であっても、子供たちに伝えることは同じ。

　「どんな座席でも、学ぼうという意欲があれば学べる。楽しもうという気持ちがあれば楽しめる。」

　自分の気持ちひとつで、どの座席も楽しくなる。素敵な座席にできる。この意識があれば、どの座席でもがんばれる子になるはずである。

55

第2章 — 5

席替えの目的をもとう

　子供たちの「席替えをしたい」に対して、安易に「じゃあ、しよう」はアウトである。子供の要求が次第に高くなり、学級が崩れやすい。教師は、きちんとした席替えの目的を知り、堂々と対応しよう。

主な理由は以下だ。

①友だち関係が広がる。

②子供たちの仲がよくなる。

③友だちのいろいろな考え方にふれられる。

④マンネリ化を防ぐ。

　子供たちに席替えの理由を問うた時に、上記の理由を言うならばほめたい。「いろんな友だちと仲良くしようと思っているんだ。偉いね」と。

　逆に、「仲良しの友だちともっと仲良くなりたいから」とか「友だちが嫌だから」という理由なら「その理由なら席替えをするかどうかは考えるね」と言って席替えの目的について振り返らせたい。

☆ポイント☆

　法律や学習指導要領で「席替えをしなさい」は書いていない。子供に「授業時間数や教科の授業時間数は学習指導要領で決まっているけど、席替えについては決まっていないよ。それでも、するというからには、友だちと仲良くしたい、いろんな人と交流をしたいという行動をしっかりとあらわしてね。苦手な友だちとであってもしっかりとけんかをせずに、つきあっていけますか。」と確認をした上で席替えをしたい。

第2章 — 6

席替え指導、1時間の流れ

　授業の半分ぐらいの時間で終われるが、私は1時間をかけてやることが多い。ハプニングもありえるし、席替え後のゲームの時間をしっかりと取りたいからだ。

手順

0　ちょっとした事や係活動などをさせる。7分
　（その間に席替えの枠を板書）

1　**席替えの方法を紹介する。5分**
　質問を受け付ける。
　席替えで大事なことを確認する。

2　**席替えを実行する。15分**
　席決定の様子を確認。マイナスな
　言葉を言わなければ、ほめる。

3　**「今までありがとう」**
　のお礼をさせた後に移動。3分
　①椅子を裏に向けて、机の上に上げる。横にかけた荷物も上げる。
　②移動する。（教師が言うまで、椅子はおろさず、座らない。）
　③教師が言ってから座る。横にかかった荷物を内側におく。
　　※移動途中で椅子をおろすと他の人が移動しにくいから。

4　**役割を決める。班で話し合わせて決めさせる。5分**
　（1番班長 2番副班長 3番、4番は便宜上作る。）

5　**ゲームをする。（班で相談できるゲーム等）10分**
　「違うが勝ち」など。

> ＜ちょっと解説＞
> 　時間がない時は、朝の時間や昼の小学習の時間を使って席替えをする。
> 　ただ、席替え後の様子をみたいので、近年この形をとることが多い。

違うが勝ちの
イラスト

第2章 — 7

座席配置の特徴を押さえよう

明確な意図をもって、座席の形、人の配置を考えよう。
子供の特徴に応じた配置のポイントを知ることは大事だ。
これを知り対応することで、クラスの雰囲気はぐっと変わる。

1．座席の形とそのメリット　〜講堂型とコの字型〜

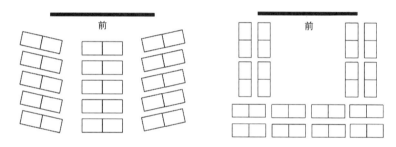

<メリット>
①教室前方に集中できる。前方の席は余計な物が目に入らない。
<デメリット>
①特になし

<メリット>
①話し合い活動に適している。
<デメリット>
①視線が散らばる。
②板書を視写しづらい。

　私はペア学習を充実させたいので、左図の講堂型の配置を基本にしている。講堂型で机と机の間をあける独立型もある。
　机の配置は、学級・学年・学校のやり方を確認してから決めよう。
　学年で必ずしも統一する必要はない。しかし「私はこうしようと思っています」と伝えておくことはとても大事だ。

2．タイプ別の児童をどこに座らせるかの見極め

教師決め席替えの時に意識しよう。

ADHDタイプ
①**教室前方**。教師がすぐ対応できる範囲に座らせる。
②視覚・聴覚への刺激が少ない方がよい。

ASDタイプ
①**教室前方**。ただ、端や後ろの方が落ち着く子もいるので要相談。
②環境変化が苦手な子はいつも同じ席でもよい。

LDタイプ
①**教室前方**。机間巡視しやすい。
②隣に学力が高めで面倒見の良い子を座らせる。

不安・登校渋りタイプ
①**教室後方**。みんなの様子を見て動けるので安心する。
②遅刻しても目立たない。

手が出てしまうタイプ
①**廊下側か窓側（教室の端）**。
②他の児童の妨げにならないよう、後方がオススメ。

支援学級児童
①支援学級の先生と相談。
②本人の特性や入り込みを考慮して配置する。

第2章 — 8

席替えの班人数をどうするか

　4人班、6人班、それぞれのメリット、デメリットを考慮して、班の人数を考えよう。学級の実態に合わせるといい。
　私は近年4人班を組むことが多い。

　5人班もしたことがあるが、話し合いでさみしい思いをする子がたまにでる。偶数人数の班がいいので、4人班を組むことが多い。

＜4人班のメリット＞
①グループ学習に最適な人数。
②グループの話し合いで一言も話さない子供が出にくい。
③人数が少ないので、会話が多くなり、仲良くなりやすい。

＜6人班のメリット＞
①遠足や修学旅行等そのままのグループで活動できる。
②掃除当番の担当場所を班でまかせるのにちょうどいい人数。

＜4人班のデメリット＞
①遠足等の班で単位が小さい。
②掃除当番の担当場所の数によっては、班を合体させるなどが必要である。

＜6人班のデメリット＞
①話し合いで一言も話せない子供が出ることがある。
②人数が多くなるため班遊びでの会話も少なくなる。

第2章 — 9

席替えの期間は
どれくらいがいいのか

　席替えの期間は、だいたいの先生が1か月である。
　低学年・高学年で違いはあるだろうが、席替えをする期間を適切に見極めたい。

1．基本は一か月間

　席替えまでの期間を1か月にしている。メリットは以下だ。

> ①新しい月は、子供たちもリセット気分で学習・生活に意欲をもつ。
> ②子供同士の話し合い活動や相談タイムのマンネリ化を防げる。
> ③1か月だと、意に反する席になった子にとっても、見通しがもてる。

※なお、席替えをする日は、2週間前には伝えておこう。

2．学級状態に応じて期間を定めよう

　クラスが落ち着いている時は「席替えして」の声は上がりにくい。逆に、学習に集中できなかったり、クラスに不満を持っていたりする場合、「席替えしたい」という子がでてくる。

　子供たちのストレスを改善したい意思の表れである。しっかりと話を聞きたい。

　もちろん1か月と決めたら基本その期間は崩さないが、なぜそうなのかを聞くのは大事なことである。間違っても冷たく対応してはいけない。

　くじなどで、明らかに犬猿の仲の子が近くなった場合は、何かしらの理由をつけて1週間早くすることはもちろんありうる。

コラム　趣意説明　1年生対象

初めてのわくわく席替え (1年生)

　入学してから約1か月。初めて出会った友だちとも打ち解け、学校生活にも少しずつ慣れ始める1年生。どんどん友だちの輪を広げ、自分たちの世界を広げるための席替えであることを伝えたい。

前提条件・ポイント

①新しい友だちと出会うチャンスと言う。
②どんな席でも、頑張れる子は、勉強ができるようになると言う。
③視力などの影響で、前の方がいいなどの希望を伝えさせる。1年生なので言えないことも配慮する。

> 　入学して1か月です。友だちもたくさんできたと思います。でも、まだ話したことがない友だちや、お名前が分からない友だちもいるかもしれません。
>
> 　**小学校では、いろんなお友だちと仲良くなり、一緒にお勉強することができるようになるために「席替え」をします。皆さんが新しい席で、一生懸命勉強できるようになるためにしています。**
>
> 　今の近くの席の友だちとも、同じクラスなのでもちろん一緒に遊べますから、安心してね。
>
> 　視力が悪くて、黒板の字が見えにくいという人は、遠慮なく先生に教えてくださいね。それでは、わくわくの席替えを始めます。

第3章

ちょっとした機転で大成功
〜うまくいく席替え成功例

第3章 — 1

一人ぼっちを救う席替え方法

　その子と気が合いそうな友だち、明るくて親切な友だちを見つけよう。隣の席にして、おぜん立てすれば、接触時間が増え、自然と打ち解けていく。友だちが増えるきっかけを作ろう。

実際

①日ごろからその子を観察する。
　話しかけている子や仲がよさそうな子をみつける。
②一人ぼっちの子の保護者に電話。
　家での様子や思いを確認する。
　もしくは、気の合う子がいるならば、聞いておく。
③教師決めの席替え時、その子と仲良く接してくれそうな子を配置する。

☆**実際の話**☆

　5年生女子。おとなしい子。クラス替えで仲良しの友だちと離れ、1月ほどたっても友だちは増えなかった。保護者と連絡をとり、さまざまな手立てを打った。私が話しかけたり、友だちにトランプに誘ってあげてとお願いしたりもした。その中で最も効果があったのが席替えだ。

　席替えでその子に合いそうな明るくて誰に対してもフレンドリーな男子とその子が好きと言う女子を近くにした。これが功を奏した。その子は楽しそうに過ごし、一人ぼっちでなくなった。友だちの力は偉大だ。

第3章 — 2

席替え表を使った転校生対応

転校してきた子供に、この表をわたす。
　子供は大まかな状況が確認できて安心しやすい。また、大事なことの確認を教師も子供も、もれなくできるのがいい。

手順

⓪転校生が来る前に、転校生係を2人ほど決める。
　転校生係に「学校のことを案内して、始めの1週間は特に1人にならないように、遊んだり話したりしてね。」とお願いする。

①転校生が来たらこの紙を渡す。
②「クラスの友だちや移動教室のことがわかるので、よかったらこの紙を使ってね。」と言う。
③枠が空いているところは、転校生係と共に埋めさせていく。

<メリット>
①誰がどこにいるかがわかる。
　枠に名前を埋める事で、少しずつ名前を覚えていける。
②枠の名前を先生や友だちが教えることで交流が生まれる。

<デメリット>
①名前の枠を空けるかいれるかの判断が少し難しい。
　学年やその子の性格によって変える。低学年は全部書いてあげてもよい。

ようこそ　　年　　組へ _____

　学校の生活にはやくなれてほしいと思います。

　お友だちの名前を覚えてほしいので、この席順の表に名前を書いて
いってくださいね。

```
                    こくばん
```

出席番号は（　　　　）番です。

班は（　　　　　　）班です。班番号は（　　）番です。

当番は（　　　　　　　　　）です。

となりの人の名前は、（　　　　　　）さんです。

たてわり班は（　　　　　　）です。

（　　　　　　）さんと同じです。

たてわり班、集合クラスは（　　　　）です。（　　）先生が担当です。

クラブは（　　　　　　）です。クラブ活動場所は（　　　）です。

委員会は（　　　　　　）です。委員会活動場所は（　　　）です。

カラー版の資料です。
ダウンロードや印刷を
してご利用ください。

第3章 — 3

転校生が喜ぶ席替えアイディア

　転校生が学級になじめるかどうかの鍵は、座席にある。
　初日に「楽しかった」「みんな優しかった」という印象をもってもらいたい。翌日からの登校が楽しみになるように計画しよう。

1　前担任に転校生の情報を聞こう

①子供の性格や特性　　②生活や家庭の様子
③成績や授業態度　　　④座席配置の配慮

大切な情報源。丁寧に質問しよう！

2　基本、後ろに配置すると安心する

　視力等で座席の配慮が必要と言われたら、教室の前方に配置する。
　そうでなければ基本的に座席は教室後方がいい。メリットが2つある。
①みんなからの視線が集まらない。
②全体が見える。（学級の様子や、クラスのシステムが把握しやすい。）

3　安心して過ごせる子を隣に配置しよう

　学力は気にせずに、次のような子を隣の席にするとよい。
①世話好きな子　　②学級の規律を理解している子
③口調が優しい子　④明るい子（可能ならば、家が近い子）

☆成功エピソード☆

　転校生Aを、帰る方向が同じで面倒見の良いBの隣の席にした。
　初日の放課後に家庭へ電話すると「Bさんが話しかけてくれて、一緒に帰ってきて、Aがとても喜んでいました。」と報告があった。
　AはBのつながりから友だちができ、スムーズに学級になじむことができた。

第3章 — 4

決まった時の反応を見るよ

　これを言わないと子供は友だちに失礼な態度をとることがある。
　前もって『「～～とはいやだ」のような事を言ってはいけませんよ。決まった時の反応もみるからね。』と言おう。

手順

①席替えをする前に言う。

②席替えが決まった後に、「えー」とか「いやだー」とかマイナスな反応をされるのはうれしいかを問う。失礼だという。

③失礼な行為があるならば、残念ながら次回からの席替えができなくなってしまうと伝える。

　※「席替えなし」の言葉をいれず「失礼だね」で終わる方法もある。

④子供たち全体に、「わかった人？」と手を挙げさせて確認。

⑤席替えが決まって、子供たちに発表する前に再度「発表の後の態度、覚えているね。」と確認をする。

※もしか言ってしまっても、その子が真剣に謝ったら許す場合あり。

<メリット>
①子供が悪口やマイナスの反応をしなくなる。
②「そんなことを言ったらあかんよ。」と指導を急遽いれるよりもこちらの指導の方が入りやすい。

<デメリット>
①それでもマイナスなことを言ったら「次回の席替えはなしね。」と勝負する必要があるがその対応が難しい。
②このセリフを使うクラスかどうかの判断が難しい。

☆子供への導入例☆

今から席を発表するのですが、ちょっと心配なことがあります。

席替えが決まった後に、たまに、「えー」とか「いやー」とかいう人がいますね。それって、大変失礼ですよね。

もし自分がされたら嫌だよね。○さん、どう。(嫌です。)

嫌だよね。先生も嫌です。

あのね、人を嫌だと思う気持ちは時にはあるかもしれません。

でもね、それを人前で言ったり、わざわざ他の人に言ったりする必要があるんでしょうか。自分が言われた場合で考えてほしいんです。

意見を言ってみて。(嫌です。)(ショックです。)

そうだね。もしか、そういうことがあったら、席替えができなくなってしまうけど、そういうのがないのならば、席替えをしたいと思うんだけど、いけますか。(はい。)

第3章—5

お別れのあいさつミニ作文

「新しい席はどこか」「誰が隣か」とハイテンションな子供たち。
　ここでひと手間。今の席で隣だった友だちとお別れのあいさつをさせよう。別れを大事にすることで友だちを大事にする心を養う。

手順

①「おとなりさんのいいところ」というテーマで作文を書かせる。
　※前日までに書かせる。箇条書きでもよい。

②隣同士交代で書いたことを発表させる。

③席替えをする。

④移動前に「ありがとう。」や「またね。」と言って、握手をさせる。

⑤席を移動させる。

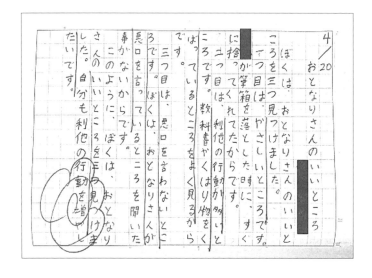

この指導の効果

この指導をすると最後に、隣の友だちのいいところを考えられる。そして自分のいいところを言ってもらえる。

「あの席はよかった。」「あの子はいい子だった。」という感じで終われる。

「終わりよければすべてよし」となる。

この指導をしておかないと、子供は「よっしゃー！」などと言いながら隣の友だちに目もくれずに新しい席へ行ってしまうことがある。

悪気はなくとも、「自分の隣は嫌だったのかな。」と思われてしまう。

ポイント

①**交流は必ず書かせてからする。**その場で考えて交流させると「隣の人のいいところがない！」「思いつかない！」と言う子が出る時がある。
②握手は学級の仲の良さによって変えるとよい。仲の良さがそこまでならおじぎ、ハイタッチなど接触の少ないものをおすすめする。
　仲の良さが高まると握手が両手になったり、ハグしたりと子供が自ら行動することもある。その場合は教師が価値づけたい。
③欠席の子がいた場合は同じ班の友だちと３人組で交流させる。

> ☆子供への導入例☆
> 　席替えをします。と言うことはお隣さんとお別れをするということです。今日までの○週間、ともに過ごしたお隣さんにお別れのあいさつをしましょう。別れを大事にすることは人を大事にすることです。

第3章 — 6

席替え後は、班ゲームをしよう

友だちと仲良くする機会を増やすために席替えがある。
席替え後の緊張感をなくすために、ゲームをするのは有効だ。
最もいいのは班で協力するゲームである。

手順

⓪席替えが終わり、班長などを決めた後に時間があればする。

おススメ1　○○さがし　7分

①「隣の人や班の人のことを知るためにゲームをするよ。」と言う。
②班の形にさせる。
③班長に、A3用紙を1枚とりにこさせる。
④制限時間にくだものの名前をたくさん書かせる。「たくさん書いたチームがいいのですよ、協力してね」と言う。
⑤時間は2分。「5個で○」等と言う。
⑥2回戦はする。(キャラクターの名前)

第3章 | ちょっとした機転で大成功 〜うまくいく席替え成功例

⑦終わった後に、協力したり、プラス言葉を言ったりしている子をほめる。

おススメ２ 絵しりとりゲーム　10分

①黒板に縦線を引く。6班なら6等分。
②班の中で順番を決めておく。
③各班1番目の子が前にでる。
④教師が出すお題の絵を描く。(例、猫)
⑤2番目の子が「こ」から始まる絵をかく。
　(例、こま　こおろぎ　こおり　など)
　※この時、しゃべってはいけない。
⑥3番目、4番目の子と続けて絵を描いていく。(班全員が描いたら一番から戻る。)
⑦たくさん絵を描いたチームを勝ちとする。

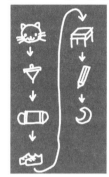

絵しりとりゲーム

<メリット>
①子供たちが一気に話し合い、仲良くなっていく。
②よい行動を見つけて、ほめる絶好のチャンスを作れる。
③楽しい雰囲気を作れる。

<デメリット>
①トラブルを防ぐために仲の良さを判断してゲームを選ぶのが少し難しい。
②よい行動を見つけてほめるのに一定の技術がいる。

☆ポイント☆
　楽しんでいることを評価し、プラスの声をかけている子をほめる。
　友だちを助けている子を後でとりあげてほめる。「席替えの意味がわかっているね。そういう助ける行動があるからクラスがよくなっていくのだね。ナイス。」とほめる。

第3章 ― 7

"他己" 紹介で雰囲気を良くしよう

　席替えから数日経った時、新たに隣の席になった人を紹介する「他己紹介」タイムを設けたい。いいところや頑張っていることを紹介しあうことで、雰囲気を良くして、新しい席で過ごさせたい。

手順

①席替え後、他己紹介を行うことを言う。
②3日後に隣の人を紹介することを伝える。
③いいところや頑張っているところを発見できるよう、意識して生活するようにアドバイスをする。
　※友だちのよいところを書く紙を渡すのもいい。
④見本で教師が他己紹介をする。
⑤3日間待つ。
⑥班の中で、順番に紹介しあう。
⑦全体でも紹介する。（全員にするかどうかは、その時の判断で変える。クラスの仲良し度や発表のうまさによる。）

<メリット>
①隣同士や班のメンバー同士の交流が生まれる。
②男女関係なく、取り組むことができる。

<デメリット>
①「紹介することがない」と、活動に参加する気のない児童への対応を考えておく必要がある。

ポイント１　必ず見本を教師が示す

　発表例を教師が示すことが大事である。以下のようにする。

①隣の人は、橋詰るなさんです。

②橋詰さんは、ピアノを弾くのがとても上手です。

③毎日、練習を頑張っているそうです。

④小さい子にもとても優しく、この前１年生の手を引いて歩いていました。とてもすばらしいと思います。

ポイント２　時に、子供たちに聞く

　席替えをしてから３日間。以下の４つは時に聞きたい。

①隣の人の名前

②趣味や特技など

③頑張っていることやすごいと思ったこと

④その他

　給食の時間に「隣の子の趣味は覚えましたか」と聞くのもよい。

☆子供への導入例☆

　新しい席になって、気分はどうですか。

　縁あって隣になった人を紹介する「他己紹介」に取り組んでもらいます。

　隣の人の名前、好きなこと、いいところや頑張っていることを紹介してください。

　３日後に行います。今日から、しっかり隣の人が頑張っていることを見つけられるようにしていきましょう。

　そして、自分自身が頑張っていることも、ぜひ見せてあげてください。この他己紹介を通して、友だちのよいところを見つけて、みんなが少しでも仲良くなってくれると嬉しいです。

コラム　趣意説明　中学年以上対象

席替えで賢くなれる

席替えをすると、必然的に隣の人が変わる。

授業内でのペア活動を活性化させるために、席替え時に、子供に隣が変わるよさを伝えよう。後日、学級だよりでも紹介したい。

前提条件・ポイント

①席替えをする前か後にいう。
②「先生、なぜ席替えをするの」の答えの一つとしても扱える。

> 授業中はペアで話し合ったり、一緒に学習をしたりすることが多いです。なぜなら、一緒に学習することでもっと賢くなっていけるからです。
>
> 教育学者エドガーデールの「学習の法則」というのがあります。（提示）

「山本東矢『道徳を核にする学級経営 - 担任の趣意説明 222 文言集』p.23 より

読む・・・・・・・・10%　（説明書を目で読むだけ。）
聞く・・・・・・・・20%　（先生などにやりかたを聞くだけ。）
見る・・・・・・・・30%　（先生などがやっている見本を見るだけ。）
見て、聞く・・・・・50%　（見本をみながら説明を聞く。「図をみながら聞く」こと。）
言ってみる・・・・・70%　（教えられたことを声にだして言ってみる。音読を含む。）
書いてみる・・・・・70%　（教えられことを書く。メモする。）
人に教える（説明する）・90%　（教えられたこと、知ったことを人に説明してみる。）

> 人に教えること（説明する）が最も頭の中に入るのです。
>
> ペアと話し合って、賢くなっていきましょうね。そして、席替えをして、いろんな友だちと学習をして、賢くなってね。いろんな人の考え方を知ろうね。

第4章

知っておきたい⁉
～席替えでよくある
トラブル＆失敗対応集

第4章 ― 1

「あの人と絶対に隣になりたくない」と言ったら

　絶対に負けてはいけない場面がある。それは、いじめ行為。差別的発言との対峙である。毅然と対応しなければならない。
　集団を味方につけて必ず勝利し、指導をしよう。

いじめ発言には毅然と対応する

　『「隣になりたくない」等と言った場合、席替えを中止する。』とあらかじめクラスに伝えておく。
　しかし、事前に言っても「こいつの隣にはなりたくなかった」とふと言う場合がある。
　見逃してはならない。

> 「席替えを中止します。元の席に戻りなさい。」
> 「A君立ちなさい。席替えの時に何と言いましたか」と聞く。
> 「先生はそのような発言をしたら席替えを中止すると言っていましたね。聞いていた人。」

ほとんどの子の手が挙がる。
「今のA君の発言で、席替えはできなくなりました。」
　A君が泣きべそをかいて、反省しているなら「悪いことをしたと思っているのですね。2度としないでね。」と言って許し、席替えを続ける。
　答えない場合は、「言うまで待ちます」と言う。
　周りの子には、「教科書を読んでおきなさい」と別の課題をやらせる。
　徹底的にいじめの芽をつむ。毅然と対応するのが大事である。
　※なお、指導した後のフォローはその日のうちのどこかでいれる。

第4章 — 2

保護者から席を替えてほしいと言われた時

　席替え後、席が気に入らないと保護者から「席を替えてほしい」と言われることがある。しかし、すぐに席を替えることは避けたい。色々な状況を見極めて対応しよう。

1．話をしっかりと聴く

　保護者から「席を替えてほしい」と訴えがある時の理由は、主に3つ。

①視力・身長の関係で**黒板がよく見えない時**。

②**関係が良くない友だち**と近くの席になった時。

③**仲のいい友だち**と近くの席になれなかった時。

いずれにせよ、保護者と子供の話をきちんと聴くことが大事である。

2．妥協点を考える

　①の場合、班の中で入れ替わるなど、できる限り対応したい。

他の子供たちに事情を説明し、了承を取って席を動かすこともある。

　②の場合、まずは保護者と子供から話を聴く。

何が不満なのかをしっかりと把握する必要がある。

また、しっかりと様子を見ていくことを伝える。

　③の場合、教師が休み時間には一緒に遊んだり、新しい友だちができるように学級会の時間で遊びを増やしたりしたい。

　保護者から「席を替えて」と言われて、すぐに替えることはしない。もちろん、事前に配慮できることはきちんと対応したうえでの話だ。

　ただ、時には、次の席替えを早くするという配慮はありえる。

※大変なタイプの保護者の場合は、必ず管理職と相談をしよう。

79

第4章 — 3

くじ引きで続けて同じ場所になった時

　くじ引きでの席がえの結果は、誰にもわからない。
　前と同じ席になることもある。2回続けてはありえるが、3回続けてとなると、教師が席を変えるなどの対応が必要だ。

1．事前の趣意説明が大事

　くじ引きだから、どの席になるかはわからない。同じ席になることもある。
　それでも文句を言う子がたまにいる。
　これを防ぐには「**同じ席になることもあるがいいか**」ということをくじの席替えをする前に、きちんと手を挙げての確認で、了承をとることが大事だ。

2．2回続けてはあり得るが……

　しかし、3回目も同じ席だとちょっとわけが違う。
以下のように言う。
　「昔、たまたま3回連続で同じ席になった人がいました。そもそも隣が今と同じになるかもしれないから、そうならないよう、明日に発表することにしますね。」と、子供たちに言う。
　つまり、即時発表を控えるのだ。
　新しい座席の発表を次の日にするシステムにすればいいのだ。
　隣同士が前と同じなら、同じ班の中で変えておくといい。
　とにかく、3回も同じにならないような対応が必要なのである。

第4章 ― 4

思った席にならなくて、泣かれた時

　席替えで「前方はハズレ。後ろの方は当たり！」と思う子供がいる。実際に、前方を受け入れられず、泣き出した子供もいた。「最前列もいいな！」と思える語りで、子供の価値観を広げたい。

1．泣かれた時の対応3

　基本対応は以下だ。

①泣いた子供の気持ちを聞き取り、共感する。

②しかし、子供が希望する席にしない。

　（泣いたら変わるという誤学習を防ぐ。）

③その席で頑張れていたら、大げさにほめる。

2．子供たちへの語り

　コンサートやスポーツの試合を観に行ったことある？

　写真は、劇場の座席表と料金です。

　前の座席になるほど、料金は高いです。でも、人気ですぐに売り切れちゃいます。近くでよく見えるからだね。
SS席って呼ばれたりしています。

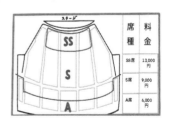

　教室もね、席が前の人ほどやる気があって、先生にもよく見てもらえるから成績がよくなるって証明されているのですよ。

　席替えで、席が前になった人は「SS席だ！　ラッキー！」そう思えたらいいね。

81

第4章 — 5

「黒板が見えないから変えて」と言われたら

　仲の良い友だちがいないから、苦手な子がいるから「黒板が見えないから変えて」と子供が言うことがある。（事前確認時に言ってこないので視力の問題ではない。）歩み寄りは見せるがチクリと伝えよう。

対応方法

①ユーモアで対応する。

> いつもと同じような大きさで字を書くね。声に出して読める？（「近松先生は、いつもやさしくて、かっこいい、最高の先生だ。」と書く。）

　その子供がクスクスとなっていたら、字が見えている証拠。
　「目が慣れてきたね！大丈夫！」と言ってあげよう。

②**班の中の前後で交代する方法もある。**

③**班丸ごと場所を交代する方法もある。**

　※②と③の方法は、どちらも子供に「そうしようと思うけど、いい？」と確認をしてから実施する方がいい。

☆**大事なポイント**☆

①席替え前に、視力検査の結果から板書が見えにくい子を把握しよう。また、全体の前でも「視力などの関係で前に来るのは〇〇さんですか。他にもいますか。」と何度も確認しておこう。

②「次の席替えの時は前にするね。」「字を大きく書くね。」などある程度歩み寄る。
　「席は変えません。」とすぐに突っぱねないほうがいい。保護者が出てきてこじれてしまう可能性がある。

第4章 — 6

管理職の立場から思う席替え

①子供の安全・安心を第一に考えてほしい。
②保護者の想いはしっかりと受け止めて、席替えをして欲しい。
この二点があれば、言うことはない。

1．子供の安全・安心を第一にする

例えば、いじめがあり、その子を守ることが必要ならばそれを最優先にする席替えをしてほしい。

授業力・学級経営力があれば、「どんな席であろうともいい」という考えもある。

しかし、わざわざリスクがある方法をとってほしいと思う管理職はいない。

2．保護者の思いは受け止める

「あの子供と離してください」とわざわざ直談判に来られる保護者がいる。管理職として「ご意見はわかりました。ただし、全てに沿うことは難しいことはご了承ください。限られた人数ですので、どうしても難しい場合もあります。しかし、配慮できる点は配慮します」と答える。

さて、保護者の願いを受けてどうするか。

原因によるが、やはり子供の安全・安心を第一に考え、その子がどう感じているかで対応を変えてほしい。

ただ、ずっと離すことは得策ではない。最終的には、教師の授業力・学級経営力で子供たちの関係をよい方向へ変えていってもらいたい。

第4章 — 7

先生が席を決めたときの失敗話

　教師が席を決める。それは、全責任を教師がもつことである。
　不満が出ないように慎重に決めたい。しかし、それでも思わぬ落とし穴はあるものだ。過信しないようにしよう。

1．背の高さの配慮忘れ

　視力や人間関係に配慮しても、身長は意外と忘れがちである。黒板を見えにくくさせてしまったことがある。

　クラスで1番身長の低い子が後ろになり、その前が身長の高い子たちばかりになってしまった。その子は、静かな子だったので、何も言わなかった。

　次の日、その子が立っている姿を見て気づいた。もしかして、「黒板が見えにくい？」と聞くと、コクンとうなずいた。苦い思い出である。

2．特別支援学級担任との連携不足

　特別支援学級在籍児童が2人いた時。
　入り込みの先生が動きやすいようにと、席を近くにした。
　しかし、これは特別支援学級担任が一番避けて欲しいことだった。
　この2人は、近くにいるとどうしてもお互いを意識して、できないことを注意しあって険悪になるとのことであった。
　愛着にも課題があり、注目行動合戦が起こった。支援がやりづらいと言われた。**事前に打ち合わせておけばよかったと反省である。**

第4章 — 8

くじ引き、本当に配慮なしでの失敗

くじ引きは、準備も簡単で一見公平な決め方に思える。
しかし、配慮しなければうまくいかない。
くじ引きをする前提条件、ポイントを押さえよう。

1．本当にくじ引きだけで決めた苦い思い出

　初めて担任したクラスで、初めての席替え。子供たちに決め方を尋ねたら、「くじ引き」という声が多かった。そうしたら、色々な問題が出た。
　「視力の弱い子が後ろの席になる。」「相性が悪い子が近くの席になる。」
「元気がいい児童が固まる」などだ。

> つまり、本当にくじびきだけで席を決めたのだ。視力も配慮せず。

　当然のことながら、席替えをした放課後に保護者から「席を変えてほしい」という連絡がいくつか入った。苦い思い出である。

2．発表は次の日にして、微調整の時間をとろう

①くじ引きをする前に、前の席を希望する子を聞き、席を決める。
②席を発表するのは、次の日にする。

　くじをもとに座席表を作り、子供たちの実態に応じているか見る。
　あまりにも偏っていたら、席を少し入れ替えるのがいい。

> 　今から席替えをくじでします。席の発表は明日の朝にします。
> 　くじが間違っていて、同じ番号のくじがあったら調整をしなければならないし、視力関係やおうちの人から言われている希望なども反映させないといけないからです。

第4章 — 9

AIで決めるも
たまに落とし穴はある

　AIに任せるのはとても便利だ。しかし、AIの気まぐれや設定次第で、3回同じ座席もある。事前に方針を決めておく。
　担任の主導権のもと、クラス全員が納得いくようにしよう。

思いつくまま、決め直した苦い経験

　PCルーレットで席替えをした。連続で同じ座席になった太郎くん。それを見かねた花子さんが「先生、太郎くん同じ席です。可哀想です。もう一回ルーレットしましょう！」と言ってくれた。

　花子さんが言うようにもう一度ルーレットで決め直した。が、クラス内には「せっかく決まったのに。」と不満げな顔を見せる子供もいた。

今ならこうする1 「そのままにして、フォロー」

①花子さんの意見に笑顔で対応する。友だちを想っての発言を褒める。
　「よく気づいてくれたね。優しいなあ、ありがとう。」
②教師の考えを伝える。「せっかく決まったのでこのままでいきます。」
③太郎くんをフォローする。
　「この座席は太郎くんのことが大好きなんだろうなあ。」
④後日、花子さん、太郎くんの頑張りを意図的に褒める。

今ならこうする2 「そもそも事前に対応を決める」

　以下の四つの中から対応する。
①席は同じでも「ペアが変わればOKでいい？」と確認。
②「ペアで席の入れ替え」を検討する。
③席の場所が前と変わらなかった子同士で交代とする。
④変わってくれる子を募る。変われる子の中から教師が席を指定する。

第4章 —10

ご対面形式であった失敗

楽しいはずのご対面形式席替え。
子供たちだけで決めると、時にトラブルが起こる。
譲り合いと利他（他人の利益を優先する）の精神を学ばせたい。

失敗1　どの子もあの人の隣の席をねらってる

座席決めで、人気者のAさんの近くに何人も集まった。みんなで相談してじゃんけんで決めたが、なんとも言えない雰囲気が漂った。

<今ならこうする>
①事前指導がとにかく大事。「好きな子と座るための席替えではない」ことを確認しながら伝える。
②事前指導をしても上のようなことは起こる。まずは周囲の子たちの「仲良しの子と近くに座りたい」気持ちを受け止める。その上で「譲れる優しい子、誰とでも座れる素敵な子はいないか」を尋ねる。

失敗2　犬猿の仲なのに同じ席にたまたまなる。

すぐトラブルになるBくんとCさん。ご対面したらその2人が隣の席だった。大きなトラブルになる前にと、翌週にすぐ席替えをした。

<今ならこうする>
①その場は笑顔で受け流す。教師が気にしていると悟られないように。
②Bくん、Cさんそれぞれと個別に話す。隣と話す時は、「ありがとう」と「笑顔」を大事にするよう約束する。日常で2人の様子に気を配り、約束を達成できていたらすぐに個別で褒める。たくさん褒め続ける。

第4章 —11

子供たちが自分たちで決めて荒れた

クラスの状態が良くない時、子供たちから「自分たちで席替えをしたい」と言われる時がある。これを認めてしまうと、さらに状況は悪くなる。絶対にしないようにしよう。

1．席替えは教師主導が基本

主に高学年を担任していた時に「自分たちで座席を決めたい」と言われることがある。子供たちの気持ちや背景がある。以下だ。

①担任に対するお試し行動。

②自分が好きな友だちと近くなりたい。

③担任の席替えのやり方に不満がある。

簡単に「はい、いいですよ。」とすると、子供たちに次から次へと要求が来るようになり、担任を乗り越えられてしまう可能性が大きい。

2．すごくやりにくくなった1か月

実際、3年目の時。あまり真剣に考えずに、OKを出してしまった。

その結果、弱肉強食の友だち関係がそのまま反映された。

一部の子のわがままが通り、座席に不満をもつ子が多数出た。このことにより、クラスの雰囲気が悪くなってしまった。

今なら「自分達で決めたら、まず先生に見せてね。視力が弱い子等を確認します。友だち関係で偏りがないかも確認します。みんなが不満をもたないように決めたいので。」と伝える。

しかし、そもそもその席替えはしない方がいい。あるいは、「3学期の最後にやってもいいかもね。」とするといいだろう。

第5章

専科の席替え＆
校外学習の席の決め方、
基礎知識

第5章 — 1

担任が専科の席を決める

　専科の授業の音楽や理科など。子供たちは、特別教室に行って授業を受ける。その時の座席は専科の先生が決めるより、担任が決めたほうがよい。人間関係を1番理解しているのは担任だから。

1　作った座席表を子供・担当教員に伝える

　専科の授業は、担任として授業をする以上に難しい。
　時間がシビアであるし、信頼関係が少ないから。
　だからこそ、授業内容だけに集中できるよう担任は協力したい。
　席替えの場合、以下の二つで協力できる。

> 1．授業前に子供に席を伝える。
> 2．前日に座席表を専科の先生に渡す。

「1．授業前に子供に席を伝える」から説明をする。

> ①朝、座席表を黒板に貼り出す。登校した子から見られるようにする。
> ②チャイムが鳴った後、「1分覚える時間をとります。」と言って再度覚える時間をとる。（黒板を見忘れた子のため）
> ③教室で実際に動いてみる。

　朝、登校した子から座席表を見させるのは時間短縮につながるからだ。
　また、きちんと座席表を見た子供たちを褒めることができるのもいい。

「2．前日に座席表を専科の先生に渡す」のポイントは以下だ。

専科教員に、座席表を渡す際、子供たちに渡した座席表とは別に、

> 気にかけておく子供に〇などの印をいれてわたす。

である。

そうすることで、授業の際、専科教員が配慮できる。

専科教員は、1人で多くの学級を担当する。すぐには名前や顔、特性などを覚えられない。だからこのような配慮は必要である。

2 専科教員が決める場合も担任は意見を伝える

なお、専科教員によっては、子供の名前を把握するために名簿順に座らせるなど座席の指定をされることがある。

また、自分で決めたい方もいる。

実際、授業をするのは専科教員なので意向は尊重したい。

しかし、人間関係などを考えずに座席配置を決めてしまうと、騒がしくなったり、トラブルが起こったりする。

それは、専科の授業を成立しにくくする。

専科の授業が崩れ始めるとその影響は担任の授業にも表れる。

注意が必要だ。そこで、

> どうしても離した方がいい組み合わせだけは伝える

ようにしておくとよい。

また、担任がその授業の支援に入り、トラブルが起こりそうならその仲裁を行うようにしよう。

第5章 — 2

教科にあった座席配置をしよう

　特別教室での座席配置は、それぞれの教科で違ってくる。
　特に実験や実技を行う必要がある教科では、協力体制を自然にとれる座席配置が好ましい。

1．理科室の場合

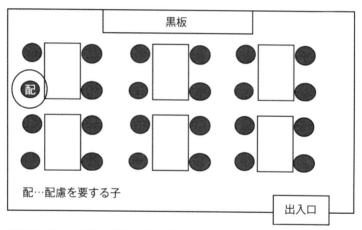

　理科室では、実験を行うことが多い。
危険な実験もあるため、安全面に最大の配慮をする。

> ①1つの机に4人程度。
> ②配慮を要する児童は、「配」の位置にすることが多い。

　出入口から遠ざけることで、エスケープしにくくなる。
　また、支援教員のフォローも受けやすくなる。同じ机には、しっかりした子や仲良しの子を配置。子供同士のフォローも行えるようにする。

2．音楽室の場合

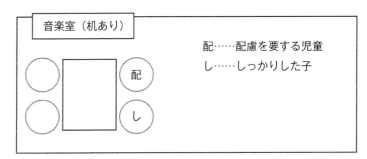

様々な活動において、子供同士の協力体制が取れるように配慮したい。例えば、音楽ではリコーダー（楽器）の教え合いで協力することがある。

①座席は男女混合。中に、しっかりした児童を必ず配置する。
②落ち着きがない児童やおとなしい児童同士で固まらないように、自由席にはしない。
③専科の場合、はじめは名前の順でもいいが、児童の様子（おしゃべりする子、おとなしい子など）が分かったら、すぐに席を変える。
④グループの中に、しっかり声を出せる子を配置する。
　（音楽の場合。歌の練習やテストをした時に、リーダーシップをとれる子がいると授業が進みやすい。）
⑤班活動をした時に、教師の指示を理解し、活動がすぐできる児童を班の中に入れる。その子を見て、他の子も活動に参加できるようにするため。

特別教室の場合、子供たちの集中力は、教室にいる時と違ってくる。だからこそ、その教室や教科に合わせた座席を決めたい。
専科の先生に協力を求められたら、座席も一緒に考えていこう。

第5章 － 3

理科室での席替え

　理科室は教室と違い、実験を行うために複数で座る大きな机になっている。教室での生活班を踏襲する形で座席決めを行おう。授業の際、子供たちが混乱せず座れる。

手順

　専科教員になり、理科室で授業を行う際。基本は教室の座席と同じにした方がいい。ワーキングメモリーが少ない子供は、教室が変わるたびに座席やグループが変わると負担になるからだ。

　以下のようにする。

> ①担任から教室の座席表をもらう。
> 　担任が忙しそうな時は教室の写真を撮って座席とグループを把握。
> ②理科室での席をつくる。
> 　**作ったものを大型のテレビ画面や黒板などに提示し、理科室に来た子供が一目で分かるようにする。**
> ③視力などを配慮し、見えにくい場合はグループ丸ごと座席を変えるなどの調整をする。

　②で席をつくるときに大事なのは、座る位置である。

　(B)のように黒板に背を向けるようにすると板書をとりにくくなる。

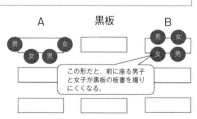

　子供たちにとってストレスが少ない(A)がいい。

第5章 — 4

少人数授業での席替え

1つのクラスを2つに分けて少人数で授業を行うことがある。(算数など) 普段の教室より人数が少ないので、座席を減らしたり、配置を工夫したりしよう。集中して子供たちが学習できる。

複数のパターンを用意しよう

関係が悪い子供同士が近くにならないよう、事前に担任から子供たちの人間関係について尋ねておく。

①必要のない席は教室の後ろに片付ける

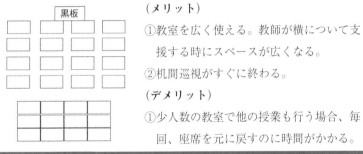

（メリット）
①教室を広く使える。教師が横について支援する時にスペースが広くなる。
②机間巡視がすぐに終わる。

（デメリット）
①少人数の教室で他の授業も行う場合、毎回、座席を元に戻すのに時間がかかる。

②隣の席を空けるようにする

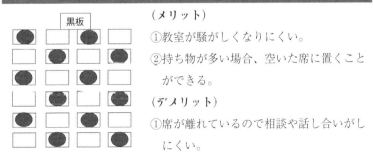

（メリット）
①教室が騒がしくなりにくい。
②持ち物が多い場合、空いた席に置くことができる。

（デメリット）
①席が離れているので相談や話し合いがしにくい。

第5章 — 5

活動班の決め方必須ポイント

　遊び中心の活動班と学習中心の活動班。２種類の活動班がある。違う決め方をするので、特徴を押さえた決め方をしよう。大事な観点は「選択させること」だ。子供自身が納得しやすいからだ。

---

1. 学習中心の活動班の決め方

　林間旅行前、旅行中、旅行後に行動や学習をする班。男女が混じった班だ。修学旅行では、１日目の学習の場での班わけでよくある。
　教師が決める場合、子供が決める場合がある。基本的には、子供たちに条件を提示しながら、子供たちが決めた形にするのがよい。

子供たちに決めさせる場合

①黒板に班の数だけ線を引く。
②普段あまり話したことのない人と同じ班になる方がよいと伝える。
③男女の数は同じという。
④学習を進めていく班なので以下の人が混ざるといいと言う。
　「発表（が得意）」「ICT（が得意）」と黒板に書く。
　自信がある子に自分で名前のマグネットをはらせる。
　班に一人はいるようにはらせる。立候補が少なければ、
　推薦も可とする。
⑤まだはっていない子にマグネットをはらせる。
⑥決定。

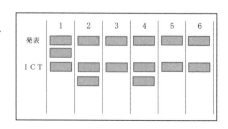

これでいいかを十分に確認する。

※途中でもめたら、教師が決めると必ず言っておく。

教師が決める場合

子供たちを次のようなタイプに分けて考える。

各班にそれぞれのタイプが散らばっていると学習がスムーズに進む。

特にリーダーとICT担当は各班に必要である。

リーダー
①自分の意見が言える。
②周りがよく見えている。
③見通しをもてる。
④時間を守れる。

ICT担当
①ICT機器が好き。
②タイピングが速い。
③調べたことをPCでまとめることが得意。

やんちゃ・元気
①にぎやかでやや多動気味。
②気が散りやすい。
③役割・することが明確になれば取り組める。

おとなしい・控えめ
①自分から意見は言えない。
②話し合いはよく聞けている。
③役割、することが決まれば責任をもって取り組める。

2．遊び中心の活動班の決め方

遊園地やアスレチックといった、遊びを中心とした活動を行う班。

子供たちに決めさせる場合

＜遊園地系にいく場合の活動班の決め方＞

①苦手なアトラクションばかり回ると、ずっと待っているだけでもったいない。**絶叫系が得意か不得意かで班分けすることが大事と伝える。**

②絶叫系が得意チーム、普通チーム、不得意チームに分けるように言う。

③それぞれのチーム内で4〜6人のグループを作らせる。

※普通チームは得意・不得意のどちらかでも可。

＜アスレチック・体験型施設に行く場合の決め方＞

①自分から声をかけること、譲り合うことを伝える。

②4〜6人のグループを作らせる。※男女が入る条件はつける。

教師が決める場合

＜遊園地系にいく場合の活動班の決め方＞

①苦手なアトラクションばかり回ると、ずっと待っているだけでもったいない。絶叫系が得意か不得意かで班分けをすると伝える。

②得意・普通・不得意のアンケートをとる。

③得意さが同じ子同士でグループにする。

どの子も、仲がよい子、あるいは話せる子が1人はいるように組む。

＜アスレチック・体験型施設に行く場合の決め方＞

①班にリーダータイプを必ずいれるように組む。

②やんちゃ・元気タイプばかりが固まらないようにする。

③仲がよい子、あるいは話せる子が1人はいるように組む。

☆**子供への導入例**☆

　今日は活動班を決めます。校外「学習」の活動班です。

　「学習」するための活動班なので、基本的に先生が決めます。

ですが、みなさんが先生の条件をよく聞いて、守れるならばみんなで決めるのもありです。どちらがよいですか。

※バス席や部屋割りは、子供たちに決めさせる。

第5章 — 6

部屋班（生活班）の決め方

　部屋の班のメンバーを決める時「①ひとりぼっちの子を作らないこと。②誰もが納得できるような決め方をする。③子供の健康状況を考慮して決める。」の3つを意識しよう。

1．部屋割決め。部屋数によって配慮を変える。

　部屋の大きさや数でグループの人数は変わる。

　例えば、男子15人女子15人の計30人とする。8部屋割り当てられる場合は、男女で4部屋となり1部屋約4人。

　6部屋割り当てられると、男女で3部屋となり1部屋約6人。

　部屋の割り当てが多いか少ないかで気をつけることは違う。それぞれのメリットとデメリットを意識して決めよう。

＜部屋数が少ないメリット、デメリット＞

メリット	①仲の良い子と一緒の部屋になりやすい。 ②部屋班を決めるのが比較的短時間になる。 ③部屋が少ないので夜の見回りが楽である。
デメリット	①離す必要がある子がいても、物理的に分けられない。 ②部屋の人数が多いので、騒がしくなる場合がある。 ③夜に起こす必要がある子がいると、たくさん寝ている子たちの中から探すのが難しい。

＜部屋数が多いメリットデメリット＞

メリット	①離さなければならない子がいた場合、部屋数が多いので分けやすい。②人数が少ないので、騒がしくなりにくい。③夜に起こす必要がある子がいると、部屋に寝ている子供が少ないので、探すのが容易である。
デメリット	①部屋のメンバーを決めるのに時間がかかりがち。②仲の良いグループを分ける必要が出てくる。③就寝後に、部屋を行き来することが起こりやすい。④部屋数が多いとメンバー決めで子供同士が揉める可能性が高い。(保護者からクレームが入ることも。)

2．部屋班決めは実行委員と共に考えるのがいい。

部屋の割り当てが決まれば、次は部屋のメンバーを決める。

最も子供の興味関心が高いところだ。慎重に考えたい。

好きなもの同士にするところがある。これはリスクが大きい。

必ず力関係が影響し、子供たちから不満が出る。

さらに、ひとりぼっちの子が出やすくなる。

「ひとりぼっちの子が出ないようにしなさい」と指示してもだめだ。

同じ部屋になりたい子たちの争奪戦となる。

不満が至る所で噴出する。時には保護者からクレームが来る。

それでは、「くじ」はどうか。これも駄目である。

くじは、学級の心理的安全性が確保されている場合のみ有効である。

そうでない場合、揉める原因になる。

では、「教師が全部を決める」はどうか。これも全く良くない。

逆に子供たちから不満が出る。

だから私は次の方法をとっている。

> 宿泊行事の実行委員会を作って、子供たちがある程度人間関係を考慮して、決める。

　子供たちに任す部分は任せて、教師もその話し合いに参加してコントロールする部分を残しておくのが大事である。

※各クラスで話し合って決める方法もある。いずれの方法でもありえるが、よく考えて、学年で統一をしておいた方がいい。

3．部屋のメンバーの決め方

①修学旅行と実行委員会立ち上げの趣意説明をする。

> 　修学旅行は、普通の旅行とは違います。
> 　普通の旅行は、仲のいい人同士で行けばよいです。
> 　しかし、修学旅行は、仲の良い人もそうでない人も一緒に旅行にいきます。どうして、修学旅行に行くのか。
> 　それは、学校とは違う場所で、いろんな人と協力することを学ぶためです。ですから、全員が100％楽しむことは難しいかもしれません。我慢することもあります。ただし、100％に近づけるように最大限みなさんと考えていきたいです。それが勉強でもあります。
> 　みなさんの意見を多く汲み取りたいので、修学旅行を成功させるための「修学旅行実行委員会」を作ります。
> 　修学旅行実行委員会と先生で相談しながらある程度は全員が楽しめるように決めていきます。活動班や部屋班のメンバーもです。
> 　修学旅行実行委員は立候補で決めます。本気で修学旅行を成功させたい人にお願いしたいからです。多かった場合はじゃんけんにします。平等にチャンスがあるようにするためです。

②実行委員立候補者を募り、決める。（時にはじゃんけん）

③全員に実行委員へのフォローの大切さを伝える。

> 修学旅行実行委員会だけが頑張っても、成功できません。
>
> 皆さん一人ひとりが、フォローすることも大事です。どうやったらよい修学旅行になるのか一緒に考えて、盛りあげていきましょう。

④部屋班を修学旅行実行委員に決めさせる。

　子供に任せる。ただし、どういう観点で決めるのかを話し合わせてから決める。子供からは、「リーダー的な人を１人はいれる」などの案がでるだろう。よさそうな観点は取り入れる。

　当然だが、自分が好きな人という観点で、決まらないようにみておく。

　そして、決めさせる。

⑤できた案に、変更や微修正を加える。

　決まったものをじっくりみて、修正、変更案を考える。基準は以下だ。

> ①健康面に関して。教師が配慮をしなければ命に関わることもある。
> ②過去のトラブル。
> ③犬猿の仲の子が同じチームでないか。

　なお、配慮の必要な子供の事情は、前もって保護者と連絡を取り、どんな配慮が必要かを聞いておく。また、保護者から了承を得ていない情報は他の子に話さないようにする。そして、以下のように言う。

> 　全員が楽しめるように考えてくれてありがとう。ちょっと配慮が必要な所があるのです。ＡさんとＢさんは変更しても問題ないかな。

というように話す。ほとんどは納得してくれて変えてくれる。

⑥最終確認後、全員に発表。

第5章 ― 7

生活班と同じメンバーの座席配置にしよう

　宿泊学習の生活班（宿舎で同じ部屋の班）に不安をもつ子もいる。そんな時は1、2週間前に生活班ごとで席替えをするとよい。当日までに仲が深まっていく。安心して宿泊学習に臨むことができる。

手順

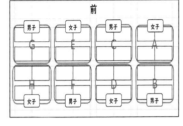

⓪生活班を決めておく。

①黒板に座席表を書く。

②班ごとに希望場所を決めさせる。

　※希望場所が重なった場合は班長同士でじゃんけんをする。

　視力などでどうしてもという場合は優先する。

③班の場所が決まったら、1度机を移動させる。

④班の中でどこに座るかを相談する。

　※班の人数によっては形がいびつになるが、近くに座らせる。

　給食はその班で机を合わせて食べる。

⑤移動させる。

　☆子供への導入例☆

　　今日は席替えをします。席は昨日決めた生活班です。今日から宿泊学習の日まで、この班で一緒に勉強したり給食を食べたりして、仲を深めていきましょう。班の人の好きなものや嫌いなものを知ったり、部屋でどんな話をしようか相談したりしておくのも楽しいですよ。

第5章 — 8

バスの座席はグループで決める

　校外学習の移動中のバスの中は、子供たちにとって楽しみな時間である。活動グループの座席を基本にしつつ、子供たちが選択できるようにして決めよう。不満が出にくい座席になる。

手順

①乗り物酔いしやすい子の座席から決める。

　（あらかじめ何人いるかを把握しておく。）

②グループ毎に区切ったバスの座席表を貼り出す。（下図）

　（座席表は、旅行会社から送られてくるものを拡大したものでよい。）

③グループの代表者でじゃんけんをして場所を決める。

④グループでどこに座るかを話し合わせる。

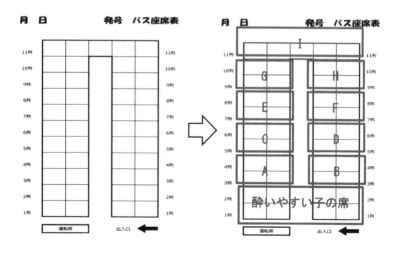

<メリット>

①校外活動はグループ活動になることが多い。バスから降りた後に、早く並ばせたり集合させたりできる。

②バスに戻ってきた際、素早く点呼できる。
（学年が上がると、リーダーなど子供が点呼するシステムにすると教師が確認するよりも早くできる。）

③グループの場所が決まれば、座席は子供たちで決めることができるので、ある程度の自由度がある。

<デメリット>

①バスの座席にゆとりがない場合、他のグループと席が隣になってしまう場合がある。（決めるまでに時間がかかる。）

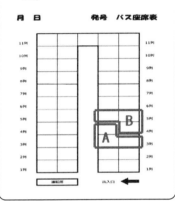

☆ワンポイント　アドバイス☆

①バスの台数とクラスの数が違う場合は事前に学年の先生と席について打ち合わせをしておく。
（クラスによって決め方が違うとトラブルになる。）

②真ん中の席（補助席）に子供が座ると、緊急時（子供の体調が悪くなった時など）に教師が移動しにくくなるので原則座らせない。

③いざバスに乗るときに、自分の座る席を忘れている場合がある。何列目に座るのか、右手側か左手側かにメモしたい子はさせる。

④席はグループ内であればある程度自由に変わっていいという形にすると最初に決める時間が短くなる。（後で変われるので。）

⑤本書では、映画館方式も紹介しているが、それもよい。

コラム　趣意説明　4年生以上対象

来年は高学年だね

　中学年の席替えは、高学年を意識した趣意説明を行うとよい。仲の良い子たちだけとうまくやるのではなく、それ以外の人とも仲良くできることの大切さを伝えよう。

前提条件・ポイント

①4月の席替え前に行う。
②最初は「先生が決める」という名目でもこの説明は使える。
③5年でも6年でも改良して使える説明。

　来年は高学年だね。今まで以上に、他のクラスの人や他の学年の人など、いろんな人と協力して活動することが多くなります。

　クラブや委員会活動などがそうです。仲の良い人たちばかりでクラブや委員会活動はできるでしょうか。

　できませんね。仲の良い人やそうでもない人、初めて出会う人など、様々な人と協力する力がないとできません。

　さらに、高学年になると林間学習や修学旅行など宿泊行事もあります。宿泊行事は、仲の良い人とだけでいくことはできません。

　あまり仲良くしてこなかった人とも活動することになります。

　中学年のうちに誰とでも協力してグループで活動することができるようになっておくといいね。きっと良い思い出が作りやすくなります。いろんな人と仲良くしていこうね。

第6章

クラスを良くしよう！
席替えを学級経営に
生かすコンセプトと技

第6章 — 1

席移動の時間にたくさんほめよう

新しい座席が決まり、子供たちが座席を移動する時。
子供をほめるつもりで、教室を見渡してもらいたい。
きっと、教室全体に広めたくなる子供の良い行動が見える。

優しい行動がみられる

①欠席児童の机まで動かしてくれている子。
②席替え前後に、自分から挨拶や握手などをしている子。
③席替え後に、早速、机をぴったりくっつけているペア。

これらの行動は、すかさずほめたい。

①明子さんの行動、優しいなあ。代わりに机動かしてくれたんだね！
②自分から握手できるって大事な力だね！
③ここ！　机、ピッタリ！
　１ミリも空いてない！　気持ちいいなあ。

　明るく、楽しく教師がほめると席替え後の雰囲気も楽しくなる。
　意図的にほめることで、次の席替えでも子供たちは再現するようになる。望ましい行動は強化しよう。なお、全体の場でほめるか。それとも、個別にほめるかということは、配慮が必要である。
　たくさんほめすぎて、自分の机はそのままで一目散に欠席児童の机へ向かった子供たちがいた。友だち想いの嬉しい行動ではあるが、まずは「自分の座席からね」と伝えたこともあった。ほめる効果は抜群である。

第6章 ― 2

席替えでトラブルを激減させよう

トラブルが頻発するようであれば、席替えをすると良い。
日頃からトラブルを減らす手段として、席替えは有効である。
先生席替えを学期に一回はすると言っておくとできる技である。

1．落ち着いた空間は席替えで生みだせる

これまで騒がしかった学級が、席替えをすることで静かになることがある。逆ももちろんある。

犬猿の仲の子供を席替えによって、物理的に離す。これだけで、授業中のトラブルが激減する。

後は、休み時間にトラブルが起きないように見ておくだけで良い。

もちろん、席替えで離して終わりではない。

仲良くできるような、手立てを同時に打っていくことが大事である。

2．席替えで、ちょっと話せるようにできる

①新学期、恥ずかしくて話せない子も話せるようにできる。

→始めのうちは「1人は仲のよい子をグループに入れる」とよい。その子がいるだけで安心しやすくなり、話しやすくなる。

②話し合いを活性化させることができる。

→意図的に席替えでよく話すメンバーを入れて、話し合いを活性化させる。（もちろん、同時に安心して話せる手立て、例えば、トークテーマを与えて話すなどの方法を行っていく必要がある。）

第6章 — 3

荒れている場合の席替え

　荒れた学級だと、数人の児童が勝手に席を移動したり、授業中におしゃべりを始めたりすることがある。荒れの中心にいる子供やその子供たちのタイプに合わせた座席配置をしよう。

1　エスケープしにくい配置を考える

　1人の子がエスケープすると、つられて複数の子が一緒に教室を飛び出すことがある。

（支援を要する児童がクールダウンのために出る場合ではない。）

　席替えの工夫でエスケープの回数は減らせる。

廊下側の席にしない

ことだ。

　教室を出るまでの距離が遠くなり、ちょっとしたことで、出にくくなる。

　教室から出るハードルを少し上げられる。

　また、黒板から近い場所にした方がいい。飛び出す時に、教師が制止しやすいからだ。

　※エスケープしていないことや頑張っていることをほめ続けることは大事なことである。席替えシステムで防げることはわずかだ。

2 荒れが連鎖しにくいほんの少しの工夫

暴言を吐く、隣の子にちょっかいをかける、立ち歩く。

そのような子が一人ならばなんとかなる。

しかし、複数いると教室の荒れが目立つ。そこで、

> 荒れの中心になる子供たちを教室でばらけさせるように配置する。

1か所に固めないことが大事だ。

そして、最も大変だと感じる子は、教師の目につくところに配置する。

そうすることで、その子の良さも教師が見つけやすくなる。

繰り返すが、荒れは注意だけでは良くならない。

> その子の良さをほめ続け、よい刺激を与えることが大切だ。

このことによって、行動が改善されていく。

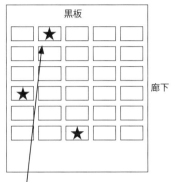

荒れの1番中心の児童は教師の目の届くところの座席にする。

3 集団のよい力を生かせる配置にしよう

学級が荒れている初期段階で使う方法である。

荒れの中心になる子の席を教室でばらけさせる時、

> 同じ班や隣にリーダーシップを発揮したり、プラスの言葉を普段からたくさん言ったりする子を配置する。

そうすることで荒れの中心になっている子のマイナス行動が減っていく。荒れが初期の場合、教師の言葉は届きにくくても友だちの言葉は入りやすい。集団の力で荒れを改善していきたい。

間違えても周りの子の動向に流されてしまいそうな子を近くにしないようにしよう。

第6章 — 4

学級停滞をくいとめる方法

　係や当番活動が停滞し始めている状態を放っておくと学級が荒れていく。私は「座席コントロール」「班遊び」「班の役割を固定化しない」で学級を良い方向に向かわせている。

1　座席コントロールをし、トラブルを減りやすくする

　くじ引きなどの席替え方式だったら、**1度教師が決める方式に戻す。**

　事前指導で「学級が安定しないときは先生が席を決める」と伝えておけば、大きな反発は起きない。教師が決めていればそのままでよい。

　班決めは丁寧に行う。活発な子、おとなしい子、配慮の必要な子などが偏らないようにする。今までの座席を確認し、同じ子が隣同士にならないようにする。相性の悪い子は違う班にする。

2　班で遊ぶ時間を増やす

　停滞している時期は、学級の雰囲気がたいていよくない。

「楽しい」と感じる活動をたくさん入れ、雰囲気を良くしよう。

　しっかり時間を取る必要はない。授業が早く終わった時や帰りの会など、隙間時間に行えばよい。

①班遊び

　まずは班の仲を深めたい。班でカードゲーム、マジカルバナナ、しりとりといった簡単なゲームをする時間をとる。

②学級遊び

　学級遊びも行う。班対抗でお絵かきしりとり、ジェスチャーゲーム等をすると盛り上がる。班対抗の際は勝った班全員に賞状を渡すのもいい。

3 班の中の役割を固定せず、助け合いを常態化させる

誰かのために活動することの素晴らしさを確認、称賛しよう。学級内の他の活動も意欲的に行うようになる。

以下のような手順で行うとよい。

①班の中での役割を固定しない。

まずは、班の机順に番号を振る。(右図例)

番号の振り方は席替え時に全体で共有し、毎回、図をかかなくても分かるようにする。

「1番の人がプリントを取りに来ます。」

「2番の人が班のプリントを集めて前に持ってきます。」

と、その都度教師が番号で役割を与える。

②良い行動があればその場で大きな声で褒める。

「Aさん、素早くプリントを取りに来たね。よく聞いていました。」

「Bさんはプリントに名前を書いていない人に教えてあげていました。優しいですね。」

そうすると教師の指示を聞く子、周りを見る子が増えていく。

③時々、番号を指定せず指示を出す。

「班のだれか一人が取りに来ます。」

ここで**班のために動いてくれた子を褒める。**

「Cさんの『私が行くよ』という声かけが素敵でした。」

このようなことをすると、停滞していた学級が動き出す。

重要なのは、

役割をもたせ、個別評価を入れること

である。子供たちはがんばるようになる。

日々の活動で必要な役割を班の中で振り分ける。試していただきたい。座席コントロール以外に、プラスアルファで色々な手立てをうとう。

第6章 ― 5

雰囲気が良い時にできること

　学級の雰囲気が良いのなら、席替えでさらに学級を活性化させよう。毎日席替えという方法で意図的に様々な子と交流する場を作るとよい。

1. はかり間違えないで！学級の良い雰囲気

　雰囲気が良い学級とはどんな学級か。子供が毎日笑顔である。ケンカがない等いろいろとある。

教師の主観に加えて、客観的な指標から判断すると完璧である。

　QUやアセスといった学級の状態がわかる尺度を使おう。

　うまくいっていると思っても、意外と子供たちの満足度が低く、表面的に付き合っている場合がある。

　東京学芸大学の小林正幸氏の「子供の学校居心地感尺度」がある。以下の10個の質問で、学級の状態をはかれる。

【子供の居心地感尺度】
①学校になじんでいる。
②学校には自由に話せる雰囲気がある。
③学校でゆったりしていられる。
④学校で自分は幸せである。
⑤学校で友だちと助け合っている。
⑥学校で居心地がよい。
⑦学校で自分は認められている。

⑧学校で楽にいられる。

⑨学校で自分は受け入れられている。

⑩学校で安心していられる。

（東洋館出版 2009『学校でしかできない不登校支援と未然防止』pp14-15）

　子供の居心地感尺度で、ほとんどの子が「はい」と答えているなら、ひとまず学級の雰囲気は良いと判断できる。

2．良い状態ならではの「毎日席替え」

　学級の雰囲気が良い場合、思い出作りも兼ねて、3学期の3月だけ毎日席替えを行ったことがある。いろんな子との交流が生まれ、学級は活性化する。**席替えの方法はくじ引きで良いだろう。**

<メリット>

①非日常で良い思い出となる。

②新鮮な気持ちで授業を受けることができる。

③あまり気に入らなくても、今日だけ我慢すればとよいとなり、反発されにくい。

④たくさんの交流が生まれる。

<デメリット>

①一度やってしまうと、毎日席替えが当たり前となる。

②クラスの仲が良い時だけという条件がある。

③席替えに10分は取られる。

④環境が毎日変わるので、落ち着いた雰囲気が失われるかもしれない。

☆子供への導入例☆

　大人になると知らない人同士で突然グループを作って活動することが生じたりします。この学級で過ごすのも残りわずかとなりました。最後、どの人とももっと仲良くなってもらうために、毎日席替えをしてはどうかと思うのですがどうですか。

第6章 — 6

席替えと同時に
教室の物置場も考えよう

　学習用品などを置く場所は、自分の席に近い方がいい。
　ロッカーや教室のフックは1年間固定しているが、少しでも自分の席の近くに置けるものは置かせるといい。特に低学年は大事だ。

1. プリント・テストファイル置き場を近くにしよう

　私の教室では、プリントやテストを綴じておくファイルを班ごとにまとめている。そして、

> 席替えをする度に、ファイルケースを入れ替えている。教室の右側か左側に置くようにしている。自分の班の近くに置くように言っている。

　なお、子供に了承をえる方がいい。同じ場所の方がいい子もいる。

2. 鍵盤ハーモニカ等の置き場所も工夫しよう

　低学年は特に移動距離が少ない方がいい。学習に向かう時間が増える。ロッカーや靴箱、フック等は動かせないが、動かせるものは動かしたい。私は

> 教室を3つのブロック（号車）に分けて、けん盤ハーモニカの置き場所を作っている。

　移動距離を少なくでき、混雑も防げる。
　ほんのちょっとした工夫が大切である。

第6章 — 7

席の高さ調整をゲーム感覚で

新学期、子供たちの身長と席の高さはたいてい合っていない。
　身体測定後の調整では遅すぎる。そこで荷物の少ない初日に、ゲーム要素を取り入れて、自分に合った席を選ばせている。

手順

⓪事前に座席を低い順に右図のように並べる。
　（前日に教師がしておくといい。）
①子供を背の順に並ばせるゲームをする。

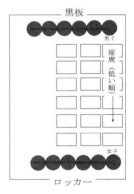

> 「しゃべってはいけませんゲーム」をします。背の順で、男子は黒板側に1列で並びます。女子は、ロッカー側に並びます。

②背の低い順から座席のところに座らせる。

> ○○くん／△さんから座っていきます。

③座席の高さが合わない子供の分は、後で調整する。

☆ポイント☆

①子供がしゃべったら、笑顔でしかし毅然と「やり直し」と伝える。教師の指示が入る状態を作る。最後に指示通りにできたことを褒める。
②ここで並んだ背の順は移動教室でも活用できるので前後の友だちを覚えさせる。
③前年度に学級が荒れた情報が入っていれば、この方法は使わない。

第6章 — 8

席替えと班遊びを連動する

　新しく席替えをした時に、まだあまり話したことがない友だちとの交流を増やすことが目的である。
　男女関係なく、仲良くなっていくための１手立てをうつ。

手順

①席替え前に、新しいメンバーとの交流を目的とした「班遊び」をすると告げる。やるかどうかの確認をする。
②席替えをする。
③班長等を決める。
④**班遊びのことを説明する。**

　・「だるまさんが転んだ」や「おにごっこ」等、少人数で遊べる遊びが好ましいと伝える。
　・25分等の長い休み時間の場合は、初めの15分だけなど、時間の調節はクラスや班で行うとよい。

⑤**班長を中心に遊びを決める。**
　※班遊びを担当する「遊び係」を決めても良い。
⑥席替えをした週で、１〜３回班遊びの時間をとる。
　※次週にも数回行うようにする。
⑦遊びの後、困ったことやトラブルがないか、担任から確認する。
⑧うまくできた班、がんばった班を評価する。

<メリット>
①遊びを班で決めるので自主的に遊びを考える。
②仲良しグループ以外の友だちと交流できる。

<デメリット>
①外遊びが苦手な子は、楽しくないこともある。
②「強制」と感じる子も出てくる時がある。

ポイント

①１学期に重点的に行う。黄金の３日間のうちに、班遊びをすることを子供たちに告げておく。
②無理のない範囲で、短い時間で行う。特に始めのうちは、話すだけでも十分意味がある。普段話していないクラスメイトと少しでも交流する機会をもつことが大切である。
③体育の授業で、バスケットボールやタグラグビーなどのグループ競技をすることがある。授業の前に、班でウォーミングアップやグループ練習をさせることがある。

班遊びはその練習の場にもなる。

☆**子供への導入例**☆

　新しい班になりました。まだ、あまり話したことがない友だちもいます。今日の○時間目後の休み時間、班遊びの時間をとります。新しい友だちとぜひ仲良くなる機会にしてください。

　遊びは「鬼ごっこ」でも「だるまさんが転んだ」でもいいです。10分という短い時間ですが、これから約１か月、同じ班で過ごすことになった友だちと仲良くなるチャンスです。

　今から10分間、班でどんな遊びをするか考えてください。今日は、班どうしの合体はなしにします。

　ぜひ、楽しい時間を過ごせるよう協力してくださいね。

第6章 ― 9

席替えとそうじ班を連動する

　私は班のメンバーで掃除を担当させている。
　班の友だちの良いところを見つけやすいからだ。掃除が終わった後の「掃除のうまい人の発表」もしやすい。仲も良くなる。

手順

①席替えをした後に、班長、副班長を決める。
②席替えをした後か、給食の時間前等の3、4分の時間を使って班の掃除場所を伝える。「1班は教室。2班はトイレ掃除です。」等。
　※掃除場所は、じゃんけんで勝った班から決める方法もある。
③各班の掃除担当場所が書かれた紙を渡す。
④班員が確認する。どの掃除担当をしたいのか、じゃんけん等で決める。
⑤掃除担当者の名前を紙に書く。
⑥担任に渡す。
⑦担任が掃除場所を確認する。

<メリット>
①班で掃除をするので、助け合いが生まれる。
②班の人の良いところを見つけやすい。

<デメリット>
①メンバーの仲が悪いと嫌な事が続く可能性がある。
②前学年とやり方が違えばしっかりとした説明が必要。

掃除がスムーズに行われるには、1人1人が何をするかが明確に決まっている必要がある。また、同じ掃除を1か月以上担当するのも大切だ。

　この席替え方法は、掃除と班の席が連動しているので、長いスパンで同じ場所を掃除できるメリットがある。（掃除表は例）

5年3組　29人　掃除場所　2000年　○○小学校

なんのための掃除	目的	

そのために何をがんばる	目標	

1班	教室　ほうき	4人	（　　　）（　　　）（　　　）（　　　）
2班	ほうき ろうかほうき ぞうきん	1人 1人 2人	（　　　） （　　　） （　　　）（　　　　ゆかぞうきん
3班	ぞうきん 	2人 2人	（　　　）（　　　）　机ふき （　　　）（　　　）　イスと机の足のゴミとり
4班	教室ミニほうき ＆ちりとり 机運び＆整理	2人 2人	（　　　） （　　　）　ランドセルのひもメイン （　　　）　机の横のかけものメイン
5班	机運び＆整理	4人	（　　　）（　　　）（　　　） ※黒板、最高2人まで　周りのいろいろな整理 ※ゴミとりは、1回の掃除で7こぐらいでいい。
6班	C棟三階トイレ （学童横）	男2人 女2人	（　　　）ゆか （　　　）洗面、トイレットペーパーなど （　　　）ゆか （　　　）洗面、トイレットペーパーなど
7班	児童玄関3人 体育館前廊下2人		（　　　）ほうき＆靴揃え （　　　）ほうき＆すのこあげ （　　　）ほうき＆ちりとり （　　　）体育館前から給食冷蔵庫　ほうき＆ちりとり （　　　）給食冷蔵庫から職員玄関前　ほうき＆ちりとり

　1時5分までに掃除場所にいき、掃除をする。

1時17分までに掃除を終える。

早く終えたら、教室の整理を行う。配り物があれば、配る。1時20分までは掃除。
　1時20分に教室にもどる。
　1時20分～35分英語。前か後でトイレ休憩

第6章 —10

早く帰るための班協力

　低学年は、特に生活面で個人差が大きい。朝や帰りの準備をし終えるのにすごく時間がかかる。だからこそ、班で協力する体制ができると、準備が早くなり、教師の負担も減る。

手順

① 最後の授業が終了したら、教室全体でさよならのあいさつをする。
② 班ごとに帰りの準備を行う。
③ 準備ができた班から、教師に報告しに来る。
④ 教師が確認する。
⑤ OKなら、班ごとに帰る。

　低学年のうちは、ランドセルをロッカーから持ってくるのにも時間がかかる。だからこそ、友だちの声掛けが必要になってくる。
　教師があれこれ言うよりも、友だち同士が助け合って準備をする方が、時間も早くなるし、教師の負担も減る。

<メリット>
① 机の中や周りの忘れものが少なくなる。
② 子供たち同士が声を掛け合うので、教師の負担が減る。

<デメリット>
① 友だちから声をかけられることが当たり前になり、自分から準備をしなくなる可能性がある。

ポイント

①子供たち同士の声かけがきつく
ならないように指導する。

「遅い」とか「早くして」などのマイナスになる言葉を使わないように伝える。

②準備が早くなっている子をどんどんほめる。

③班の中にしっかりした子を入れて、友だちのことにも気を配れるような子を育てたい。

友だちへの声かけをしている子をたくさんほめ、気を配れる子を増やしていく。

④ある程度準備ができるようになったら、個人で準備し下校させる。

⑤**帰りの準備を早くすることが目的である。**

準備が遅い子が罰ゲームを受ける感じにさせないように配慮する。

⑥自分の物に触れられたくない児童もいる。手伝う範囲を見極める。

☆**子供への導入例**☆

新しい班になりました。ところで、みんなは早く帰る準備をしたいですか。(はい) そうですか。協力します。

今日から1週間、どの班が1番に準備を終えられるか、見ていますね。まず授業が終わったら、クラス全体でさようならをします。その後、班ごとに帰る準備をして、早くできた班から帰るようにします。

みんなで協力して、早く帰れるように頑張って帰りの準備をしましょう。これを続けて、帰る準備が早くなるのが当たり前になるといいですね。

第6章 —11

トークテーマを与えてみよう

　給食は大事な学級経営の場だ。班で楽しくおしゃべりしながら食事をさせると仲良くなりやすい。私の学級ではトークテーマを設定している。時には教師が介入して場を盛り上げている。

手順

①いただきますの後、教師がトークテーマを言う。(前に書く)
②班ごとにトークテーマについて話しながら食べる。
　※早く食べ終わっても読書などはしないで班で話をする。

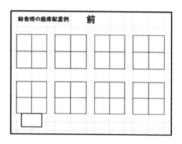

③ごちそうさまをする時に班を指名し、どんな話をしたか確認する。
　※最初の一か月はほとんど毎日トークテーマを設定する。
　一か月を過ぎたら、週に1〜2回「トークテーマ自由」を入れる。自由にした場合、後で班ごとにテーマを発表させる。自由でもどの班も盛り上がるようになってきたらテーマ設定なし(自由とも言わない)にしていく。

☆トークテーマの例☆
　「きのこの山とたけのこの里」どちらの方が好きか。
　「1日だけ動物になれるとしたら何」になるか。
　「給食に新しくメニューを加えるとしたら何」がいいか。

その他のテーマ
(PowerPoint)

<メリット>

①トークテーマを設定することで、どの班もある程度楽しく話すことができる。

②班ごとに話をするので、日頃あまり話さない子とも話をして互いを知ることができる。

<デメリット>

①話が盛り上がらない班が出ることがある。

→教師が一緒に食べながら楽しそうに話す。

②給食時間内に食べられない班がたまにでる。

ポイント

①3年生以上で5月〜7月ぐらいに導入するといい。

②班で話をさせることを基本にする。班の友だちに背中を向けて違う班の友だちと話していれば「〇〇さんが涙を流しています。」などと笑顔でユーモアを交えながら声をかける。班で食事を楽しむことを意識させる。

②教師の介入として「前で食べながら全体を見て話をふる。」「毎日順番に班を回って一緒に食べる」などの方法がある。

③低学年でするなら、テーマを発表して班に委ねるよりも教師がそのテーマについて話し、全体を巻き込んでいく方が盛り上がる。

④毎日ではなく、週に2、3回など緩やかに始める方法もある。

☆子供への導入例☆

　給食の時間、しばらくはトークテーマを設定します。

　みんなはこれから、いろんな人とご飯を食べることがあります。

　家族や友だちはもちろん、大人になったら仕事で食事に行くこともあります。そんな時、誰とでも楽しく食事ができるといいね。

　だから給食で誰とでも楽しく食事をする練習をしましょう。また、トークテーマについて話をすることで、友だちの新しい1面を知ることもできますよ。それも楽しいですよ。

> コラム　趣意説明　高学年対象

席替えは仲良くなれるチャンス！

　席替えで、仲良しの子と離れた。苦手な子と隣になったなどと言う。それが原因で登校しぶりになる子もいる。慎重にいきたい。
　席替えの意味「誰とでも楽しめる力」をつけさせたいを熱弁しよう。

・・・・・・・・・・・・・・・・・・・・・・・・・・・・・・・

前提条件・ポイント

①席替えは知らない子と近くになった方がラッキーである。相手のことを知るチャンス。
②どんな席でも楽しめることが自分の成長につながると伝える。

　「毎日違う人と学校へ来て、毎日違う人と遊んでいる人はいますか？」（そんな子いる？　いないかな？）

　「先生が、明日から毎日違う人と仲良くしなさい！　と言ったら、みんなはできそうですか？」（できる！）（えーっ）

　「仲良くなるには、相手のことを知らなければいけません。そこで、先生はあることをします！　なんでしょう？」（相談）

　「それは……席替えです！」

　「席替えは、友だちの良いところを見つけて仲良くなるチャンスです！　席替えのたびに近くの人とたくさん話して仲良しになりましょう。そうすると『誰とでも力』が身につきます！　すると、あなたたちはどんな席でも楽しく過ごせるようになります。席替えが楽しみですね。

あとがき

　席替えは子供を救う手助けができる。

　20代の頃は、とりあえず「騒がしい子を離せばいい」と考えていた。

　しかし、30代を超えてからは「一人ぼっちの子や交友関係をさらに良くするにはどうするか」を真剣に考えるようになった。

　総じて思うのは、偶然のくじ等よりも教師が決める席替えをいれるパターンを作るほうが大事ということだ。

　しかし、子供はくじを望む。運要素があり、どきどきするからだ。

　その気持ちはよくわかるし、叶えてあげたい。

　両方が大事だ。どうするか。

　自分なりの方法を作ってきた。「教師決め→くじ系→教師決め」でやることにした。教師決めの席替えの後の1か月半ほどで、学級の大枠をつくり、いい雰囲気にする。そうしてからのくじ系席替えなら、多少のイレギュラーな配置になっても対応できるからだ。

　最近は、パソコンを使って運要素を作り、なおかつ教師の意図をふんだんに入れた席替えもできるようになった。すばらしいアイテムができたと感心する。

　たかが席替え、されど席替え。

　子供におされ、毎回くじにする先生がいるがそれは危険である。

　座席配置によって、学級が荒れることがあるからだ。

　真剣に考えて行いたい。

　子供の笑顔を増やすためにも、席替えについて本書をきっかけに考えて頂ければ、こんなに嬉しいことはない。

　令和6年11月11日

山本東矢

［編著者紹介］

山本東矢（やまもと・はるや）

大阪府箕面市立　西南小学校
全国で教育系のセミナー講師を務める。
著者は「最高のクラスになる！学級経営365日のタイムスケジュール表」
（学芸みらい社）など多数
TOSS大阪みなみHP
https://yamamoto111-toss-minami.jimdo.com/

大津明子　　大阪府吹田市立山田第五小学校（メインイラストも担当）

近松浩平　　京都府京都市立大将軍小学校

橋詰知志　　大阪府大阪市立鯰江東小学校

木村雄介　　大阪府大阪市立公立小学校

樋口健太　　大阪府吹田市立山田第五小学校

黒田純平　　兵庫県西宮市立高須小学校

若い先生のパートナーズBooK／学級経営
席替えのデザイン
みんな大満足のアイデア10

2025年4月5日　初版発行

編著者　山本東矢
発行者　小島直人
発行所　株式会社 学芸みらい社
　　　　〒162-0833　東京都新宿区筆筒町31番　筆筒町SKビル3F
　　　　電話番号 03-5227-1266
　　　　https://www.gakugeimirai.jp/
　　　　e-mail：info@gakugeimirai.jp
印刷所・製本所　株式会社ディグ
企　画　樋口雅子
校　正　板倉弘幸
装　丁　古久隆志　古川美佐（エディプレッション）
本文組版　小沼孝至

落丁・乱丁本は弊社宛にお送りください。送料弊社負担でお取り替えいたします。
©Haruya Yamamoto 2025 Printed in Japan
ISBN978-4-86757-073-9 C3037

若い先生のパートナーズBooK
PARTNERS' BOOK FOR YOUNG TEACHERS

教室とは、1対30で勝負する空間。
教師は、1人で30人を相手に学びを創る世界に飛び込むのだ。
次世代をエスコートする「教室の責任者」である担任は、

- ・気力は眼にでる
- ・教養は声にでる
- ・秘められた感情は口元にでる

これらをメタ認知できる知識人にして行動人であれ。
その水源地の知恵が凝縮されたのが本シリーズである。

PARTNERS' BOOK
FOR
YOUNG TEACHERS